행복이라는 선물

행복이라는 선물

초판 1쇄 발행 2018년 8월 20일

지은이 강찬중
펴낸이 이은재
편 집 권정근
디자인 이태호

펴낸곳 도서출판 그루
출판등록 1983. 3. 26(제1-61호)
주소 42452 대구광역시 남구 큰골 3길 30
전화 053-253-7872
팩스 053-257-7884
전자우편 guroo@guroo.co.kr

ISBN 978-89-8069-384-9

그루수필선 059

행복이라는 선물

강찬중 수필집

그루

책 머리에

네 번째 수필집을 내며

몹시 망설였습니다.

이 나이에 무슨……, 자문도 구했습니다.

늘 '글 같은 글' 한 편을 바랐는데,

예나 지금이나 그렇고 그렇습니다.

여러 문예지에 발표한 것들을 모았습니다.

이게 삶의 여적이긴 하지만 해넘이에 앉아

내 손으로 정리를 할 의무를 생각합니다.

'행복이라는 선물'을 넘겨 보시고
미소만 지어 주셔도 좋겠습니다.

산수(傘壽·80)를 넘긴 긴 세월
희로애락喜怒哀樂은 점철되었지만
하늘의 도우심으로 오늘이 있었습니다.

모든 이의 삶에
행복이 가득한 날들이길 빕니다.

2018. 8.

글쓴이 강찬중

차례

3
난전 국수

⋮

4
여러분도 행복하세요

⋮

5

떠나기 연습

⋮

6

그랜드 캐니언의 신비

⋮

1
안녕히 가십시오, 그 한마디

조그마한 이 친절 한마디 '안녕히 가십시오.'
사랑의 말이 저 위의 하늘나라처럼 이 땅을 즐거운 곳으로 만든다.
아! 오늘은 참 기분 좋은 날이다.

당신은 아름답습니다

고향 가까이 있는 읍내 병원으로 친척의 조문을 갔었다. 요즘은 농촌에서 상사가 나도 도시의 병원 장례식장을 이용하는 게 일반화된 것 같다. 여러 가지로 편리함 때문이겠지만 상례의 전통도 밀리고 생략되고 많이도 변했다.

나는 고향 집에서 40리쯤 떨어진 이 도시에서 중·고등학교를 다녔고 졸업 후에도 일 년에 몇 차례씩 지나다녀서 낯익은 곳이기는 하다. 문상을 마치고, 지금은 부모님이 계시지 않지만 집안 어른들이 계셔서 잠깐이라도 다녀오고 싶었다. 오늘은 새로 난 도로 표지를 보고 새 길로 차를 몰았다. 한참을 달렸는데도 낯선 풍경이다. 원래 길눈이 어둡기도 하지만 길도 복잡하여 당황스럽다. 빨간 불을 보고 멈추었는데 옆에 영업용 택시가 서 있다. 조수석 창을 열고 행선지를 말하고 길을 물었다. “500m쯤 가서 우회전해서 직진하라”고 한다. 직진을 해서 한참을 왔는데도 아닌 것 같다. 그때 옆에 차가 따라오더니 손짓을 한다. 창문을 내렸더니 길을 가르쳐 주던 그 택시 기사 분이다. 그분은 길을 잘못 안내하였다며 신호등 앞에서 유턴해서 다음 네거리에서 우회전하여 직진하라고 한다. 그리고는 손을 흔들어 준다. 집으로 가는 동안 그 고마운 생각이 떠나지 않았다. 나 같았으면 설사 잘못된 걸 알았다 하더라도 어느 차인지 분간도 못했을 것이고, 또 기억했더라도 운전이 서툴러 그 차를 따라잡지도 못했을 게다. 회사나 차 번호라도 기억해 두었으면 고맙다는 전화라도 드렸을 텐데……. 이제 우리의 친절 문화도 수준급이어서 덩달아 기분이 좋다.

어느 날 지하철 환승역에서의 일이다. 그날도 사람들 틈에 끼여 환승하려고 안내선을 따라 걷고 있었다. 그때 한 아가씨가 흰 지팡이로 연신 바닥을 두드리며 가고 있었다. “어디까지 가느냐?”고 물었다. 서문시장역에 내린다고 한다. 곧 에스컬레이터를 타야 하고 승강장에서 기다려야 하고, 또 전동차를 타야 하는

데……. 문득 어제 오후에 있었던 일을 떠올린다. 손녀를 학원에 데려다 주려는데 “할아버지, 나 눈 감고 갈 거야” 한다. “그래” 하면서 손을 잡았다. 갑자기 자리를 바꾸면서 손녀는 화단의 벽돌에 무릎을 부딪혔다. 아야! 하면서 위험을 먼저 알려 주지 않았다고 투정을 부리는 게 생각이 났다. 그 흰 지팡이 아가씨에게 가는 길이 같은 방향이라고 일러주고 소매를 잡고 에스컬레이터를 타고 내려가 대합실 의자에서 잠깐 쉬고, 지하철을 타고 목적지 역에 내려 드렸다. 길을 안내해 준 기사님의 모습이 떠올랐다. 친절은 사랑의 아름다운 모습이 아닐까?

단풍이 내려온다는데

단풍이 설악에서 남쪽으로 내려오고 있단다. 겨울 문턱에 선 이 늦가을에 마음 설레게 하는 소식임에는 틀림이 없다. 해넘이를 보며 인도에 서면 한 줄로 심겨진 은행나무의 노란색과 벚나무의 적갈색 그리고 느티나무의 밤색 단풍이 노을과 어울려 환상적인 빛깔을 연출하여 발걸음을 멈추게 한다. 길가의 낙엽을 쓸어 담으며 덤덤한 표정으로 가로수를 쳐다보는 이들도 없지는 않다. 가로수의 단풍을 쓸어 담으며 쳐다보는 그 모습이 불협화음을 연출한다.

단풍 소식이 며칠 전부터 앞산으로 오라는 유혹이 따랐다. 함께할 친구가 있었으면 하고 바랐지만 혼자 가기로 했다. 금년 들어 가장 추운 날씨라기에 겨울 등산 차림에 물과 간식만을 챙겨서 버스를 타고 충혼탑 앞에 내렸다. 벌써 12시에 가까운 시각이어서 하산하는 이들도 만난다. 충혼탑에서 앞산 중턱까지 올라 거기서 은적사를 거쳐 주차장으로 하산하는 길을 택하였다. 약 2시간을 소요하는 코스다. 충혼탑에서 올려다본 산정산의 단풍은 사진에서 보는 것처럼 아름답다. 흠잡을 데가 없어서 '아름답다'라는 말 외에 다른 표현이 떠오르지 않는다. 여기서 오르는 길은 산 중턱까지 마사토로 잘 다듬어져 있고 등산로도 비교적 잘 정비되어 있다.

등산로로 다듬어진 흙길을 걷는다. 30여 분을 걷고 햇볕이 잘 드는 의자에 앉았다. 어떤 나무는 잎을 다 떨어뜨리고 앙상한 가지만을 드러내었고, 어떤 나무는 누렇게 물든 가지를 반쯤 남긴 채 서 있고, 빨간색이 주종인 단풍나무는 그대로 손바닥을 편 채 가을을 수놓고 있다. 가까이에서 본 물든 단풍은 한여름의 모진 비바람과 햇볕에 몹시도 시달렸나 보다. 찢어진 잎, 누런색에 검은 점이 더덕더덕 박힌 잎, 가지에 붙어 말라 버린 잎 등 가지가지다. 멀리서 보면 소나무의 푸른 색깔을 배경으로 하고 군데군데 빨갛고, 노랗게 그리고 갈색으로 물든 그림이 그려지면 그 모습은 더더욱 환상적이다. 계곡의 저편에 굴참나무 군락지가 있다. 누렇게 더러는 갈색으로 온 산을 덮고 있으니 그 단풍이 한결 돋보인다. 흰 꽃과 종 모양의 은색 열매가 아름답다는 때죽나무는 잎을 다 떨어 버려 어떤 색깔의 단풍으로 연출이 된 건지 가늠하기가 어렵다. 산정산 정상까지 2,000여 미터가 남았다는 표지판이 있는 곳에 섰더니 안일사의 기와지붕이 보인다. 그 지붕에 붉은 단풍의 가지가 여기저기에 걸쳐 있어서 흡사 사진에서 보는 풍경처럼 아름답다.

은적사로 가는 길에 낙엽송 군락이 있다. 그 큰 키 꼭대기 부분에 뾰족한 바늘잎이 황금빛 물이 들었다. 그 물결 사이로 건너편 녹색 배경이 너무도 잘 어울린다. '사랑은 죽음보다 강하다'는 꽃말의 가막살나무나 산사나무 그리고 굴참나무들은 앙상한 가지들만으로 겨울 차비를 하고 있다. 그 나무들도 계절의 영화를 겪었으리라. 절 마당에서는 스님이 큰 빗자루로 낙엽을 쓸고 있다.

은행나무 길에서

이 은행나무 길은 이름난 길을 일컫는 게 아니다. 살고 있는 아파트 단지 사이를 지나고 있는 10차로 양쪽 길에 나름으로 지은 이름이다. 이 캐슬골드파크 아파트도 5개 단지가 자리한 대단지이고 그 뒤로는 범어공원과 낮은 산이 둘러서 있다. 이 가을에 노란 물결을 만들어 사람들의 마음을 잡아끈다.

요즘 공원의 산책로에는 참나무의 낙엽이 길을 묻어 버렸다. 이 가을이 지나면 낙엽도 다 지고 앙상한 가지만이 남아 겨울을 맞을 텐데……. 이 산책로에서 내려오면 바로 은행나무 길에 닿는다. 큰길 양옆으로 20~30년생 은행나무가 두 줄로 심어져 있다. 몇 그루의 은행나무에는 노란 열매를 달고 있다. 묵주를 손에 들고 걸으면서 노란 단풍에 마음을 적시며 걷는다. 많은 차들이 다녀도 도시의 소음이니 공해니 하는 것을 다 잊게 한다.

이 속담을 생각한다. “은행나무도 마주 서야 연다.” 이는 은행나무는 암수딴그루여서 서로 마주 보고 서야 열매가 열린다는 뜻으로 사람이 마주 보고 대하여야만 더 인연이 깊어짐을 말함이 아닐까? 며칠 전에 신문에 실린 기사를 떠올린다. 이곳 가로수로 심은 은행나무 10그루 중에 한두 나무가 암나무여서 열매가 익어 떨어지면 고약한 냄새 때문에 그 나무를 베어 버리거나 수나무로 교체한다는 얘기다. 은행나무 열매는 식용으로 쓰이며 신선로 요리에는 꼭 있어야 하는 재료이고, 잎에는 ‘징코민’이라는 성분이 있어 건강에 이롭고 목재는 탄력이 있어서 바둑판으로 이용된다니 여러모로 도움을 주는 나무이다. 그런데도 주민들이나 행정 당국에서 조금만 관심을 기울이면 열매의 악취도 극복하고 수익도 올릴 방법도 있지 않을까 싶다. 열대 지방에 과일의 황제로 불리는 ‘두리안’이라는 과일이 있다. 천국의 맛과 지옥의 냄새를 모두 가지고 있지만 이 지옥의 냄새 때문에 그 과일나무를 베어내었을까?

어느 날, 어둠이 묻어 올 때 산책을 나갔다. 가로등이 켜져 있었다. 가로등과 은행나무가 키 재기를 한다. 가로등의 불빛이 잎 사이로 퍼지고 있다. 연극에서 보는 조명처럼 그 잎들이 화려한 빛을 뿌린다. 이 아름다움을 혼자 보기에는 너무 염치가 없는 것 같다. 노란 물결을 따라 걸음이 늦춰진다. 지금 은행나무는 비우고 버리고 있는데 인간만이 채우고 불리고 놓지 않으려 몸부림하며 세상을 어지럽히고 있으니……. 은행나무는 예년처럼 나목으로 매서운 겨울을 나고 봄에는 새잎을 피우리라. 삶은 채우고 움켜쥐는 것만이 아니라 비우고 버림이라고 말하지 않던가?

사과합시다

일요일 아침. 오랜만에 5시까지 잤으니 참으로 고마운 일이다. 환자가 있으니 차를 가지고 나들이할 때가 잦다. 운전을 한 지도 꽤 오래지만 교통 법규를 지키려고 애쓰는 편이다. 그런데도 면허도 없는 아내는 뒷자리에 앉아서 '속도가 빠르다느니, 앞차와 거리가 가깝다느니, 깜빡이를 어쩌니……' 하며 잔소리를 늘어놓는다. 으레 그러려니 하면서 '규정 속도로 가고 있다, 흐름을 따른다'는 말도 하지 않는다. 오늘은 서재에 있는 월간지를 정리해 폐지를 줍는 할머니에게 넘겨주려고 여섯 박스를 싣고 간다. 사전에 연락을 하지 않았지만 주일에는 늘 리어카가 나무 아래 그늘에 매여 있었으니 말이다.

매월 첫 일요일은 노인들의 친목 모임이 있는 날이다. 여든을 넘기신 회원이 노인 십계명과 가정의 역할에 대해 짧은 강의를 한다. 나이가 들면 '나눔과 봉사의 생활을 하고, 언제나 미소를 지으며 감사하자'고 한다. 좋은 말씀이지만 실천이 문제가 아닐까? 또 주일마다 여성 모임에서 노력 봉사를 하고 희망자는 2,000원짜리 식권을 사서 점심을 먹는다. 회의를 마치고 차 있는 곳으로 갔다. 할머니는 언덕 아래 나무 밑에서 리어카 옆에 앉아 있다. 한 박스씩 옮기기로 했다. 혼자서 여러 번 들어 옮겼으니 다리가 후들거린다. 아 참! 리어카를 끌어다 차 옆에 세워 놓고 짐을 싣고 끌어다 줄 걸 미처 그 생각을 못했으니 바보짓을 했다. 짐을 옮기고 헐떡거리며 식당으로 갔더니 밥이 없단다. 늦게 간 죄이니 누굴 탓할 수도 없지 아니한가? 잠 잘 자고, 잔소리는 들었지만 안전하게 운전하였고, 그래도 폐지 줍는 할머니를 도와 드렸는데 상황이 그렇게 돌아갔을 뿐이다. 할머니는 리어카에 무거운 짐을 싣고 언덕을 내려가지 못한다는 것을 깨닫지 못한 게 탈이었다.

우편함에 연금지가 꽂혀 있다. 표지 그림이 멋있다. 두 손을 펴고 그 안에 잘 익은 빨간 사과 한 알을 감싼 그림이다. 사과에는 가로로 흰 글씨가 씌어 있다. "사과합시다." 아하! 모두가 '내 탓이오'가 아닌가? 그렇지, 생각의 차이로 섭섭함을 품었나 싶다. 내가 사과하는 게 맞다. '좋은 생각' 10월호에 '내 삶의 책 한 권'이란 글이다. 영문학 교수는 학기 말에 경계선에 있는 학생의 평점에 고민을 하다가 그냥 덮어 두고 나왔단다. 다음 날 아침 출근을 하는데 이 겨울에 한 할머니가 지하철역 입구에서 부채와 스카프를 팔고 있었다. 아무도 눈길 하나 주지 않는데 점수에 고민했던 그 학생이 할머니 앞에 멈춰서 부채 두 개를 집어 들었다. 할머니 얼굴에 따뜻한 미소가 돌고……. 그 교수는 그 광경을 보고 그 학생의 성적을 'A'라고 적었다. 영어는 기껏해야 지구상의 1/3 정도가 알아듣는 말이지만 불쌍한 노인을 측은히 여겨 도와주는 마음은 A⁺마음이 아닌가. 그 마음은 지구상의 모든 인간이 알아듣는 만국 공통어다. 그 학생에게 더 높은 점수를 주고 싶다고 했다. 따뜻함이 묻어 온다.

무슨 일이든 좋은 쪽으로 생각을 하자. 그러면 사소한 분노는 일지 않으리라. 그리고 어떤 상황 앞에서 먼저 한 알의 사과에 쓰인 글귀를 떠올리자. "사과합시다" 마음의 평화는 멀리 있지 않다고 말하지 않던가?

'안녕히 가십시오' 그 한마디

요즈음 외출에는 주로 버스를 이용한다. 아파트도 지하철역과는 조금 멀고 어디를 가나 주차 문제가 심각하니 그 부담도 덜고 싶어서다. 얼마 전 고향 역에서의 일이다. 대합실에 들어서자, 오전 동대구행 무궁화호 열차의 승객은 혼자뿐이다. 역무원이 나와서 인사를 한다. 그리고 난로의 불을 점검하고는 "아직 20여 분이 남았으니 여기서 기다리세요." 한다. 그 배려가 고향 맛이다. 잠시 후 "지금 열차가 진입하고 있으니 플랫폼 입구에서 타십시오. 3량뿐이어서……." 그러고는 개찰구 앞에서 꾸벅 절을 하며 "손님, 안녕히 다녀오십시오." 한다. 마치 가족을 환송하는 것처럼 말이다. 열차 안에서 그 인사말이 가슴에서 떠나지 않았다.

시내버스를 타면 가끔 걱정스런 일들도 보게 된다. 운전이 미숙한지 승객이 넘어지기도 하고, 어떤 때는 거스름돈 문제로, 또는 핸드폰 벨소리로 시비가 일기도 한다. 기사님이나 승객이 역지사지로 한 발만 물러서면 해결의 실마리가 보이는데도 자기의 주장만을 고집한다. 승객으로서는 작은 소망이 있다. 시간에 쫓기더라도 승객이 올라와 자리에 앉거나 손잡이를 잡았는지 확인을 하고 안전한 승하차를 도와주는 그 소박한 바람이 아닐까? 잠시라도 서로가 웃는 얼굴로 만나고 헤어지면 얼마나 좋을까!

자주 이용하는 노선 버스는 14~15분 간격으로 운행하는 순환버스 한 대뿐이다. 어느 날 버스에 올랐더니 기사님이 “어서 오세요.” 하고 인사를 한다. 얼떨결에 “예, 안녕하세요.” 하고 인사를 건넸다. 40대쯤 되었을까? 앞문 입구에 빈자리가 있어서 거기에 앉았다. 기사님은 오르내리는 승객마다 “어서 오십시오, 안녕히 가십시오.” 하고 인사를 한다. 그런데 안 들리는지, 못 들은 척하는지 아무도 그 인사를 받아 주는 사람이 없다. 칭찬 엽서라도 있으면 그 친절을 알리고 싶은데……. 할머니 한 분이 앞문으로 내리시겠단다. 기사님은 웃으며 “할머니, 앞문으로 내리시면 좋아요?” 하고 한마디 던진다. “다리가 아파서…….” 앞문으로 내려 주고는 “할머니, 조심해서 가세요!” 하고 인사를 한다.

목적지에 닿을 무렵 운전석 옆으로 가서 “기사님, 안녕히 가십시오. 고맙습니다.” 하고 인사를 건넸다. 내려서 대여섯 걸음을 걷고 돌아보는데 눈이 마주쳤다. 창밖을 보며 고개를 숙여 인사를 한다. 오른손을 높이 들어 흔들어 준다. 미사를 드리면서 성도 이름도 모르지만 그 기사님의 안전 운행을 바라는 화살기도를 바친다.

J.F. 카네이의 말이 스친다. “조그마한 이 친절 한마디 ‘안녕히 가십시오’ 사랑의 말이 저 위의 하늘나라처럼 이 땅을 즐거운 곳으로 만든다.” 아! 오늘은 참 기분 좋은 날이다.

그래도 감사합니다

매서운 추위가 기승을 부리고 간간이 비도 뿌리는 토요일 오후다. 살아가면서 모든 것을 있는 그대로 보고 웃어넘기기로 했는데도, 그게 쉽지 않다. 오늘도 두꺼운 외투에 귀를 덮는 모자를 쓰고 우산을 받쳐 들고 산책을 나섰다. 아파트 단지는 1시간쯤의 걷기 코스로는 안성맞춤이다. 30여 분이 지나 반환점을 돌아 거의 집 가까이 왔을 때다. 갑자기 뭔가 엉덩이 부분을 세차게 치더니 길바닥에 그냥 내동댕이쳐졌다. 누군가 우산을 받쳐 주는 것 같았고 사람들의 웅성거림이 들렸다. 그러는 사이 119 구급차가 사이렌을 울리며 오는 것 같았고 10여 분 뒤 가까운 병원의 응급실로 실려 갔다. "할아버지, 일어나세요." 하는 소리를 들은 것 같고 자전거 한 대가 팽개쳐져 있었다는 생각이 떠올랐다. 어떻게 된 일인지 물어보지도 못했다. 구급대원의 부축을 받고 차에 옮겨 실려 가면서 갑자기 이런 생각이 떠올랐다. '이렇게 죽을 수도 있겠구나!' 의식이 돌아오니 온몸이 쑤시고 아프다. '참! 사는 게 아무것도 아니구나?'라는 생각이 들었다.

병원 응급실에서다. 좀 늦은 시간이어서 별로 붐비진 않았다. 간호사의 안내로 휠체어에 앉아 엑스레이실로 가서 여러 장의 사진을 찍었다. 내 뜻이 아니었지만 119 구급차를 타 본 것도 처음이고(윙윙거리며 다니는 구급차는 자주 보아 왔어도), 휠체어를 타는 것도(재벌들은 재판을 받을 때 많이 애용하지만) 처음이니 출세한 셈이다. 어쩌다 가해자도, 보호자도 없이 실려 왔는데 그래도 좀 부축해 줄 수도 있지 싶은데……, 흰 가운을 입은 사람이 '여기에 서서 가슴을 펴고 어쩌고' 참 웃긴다. 그래도 의식이 돌아와서 한 30여 분 걸려 다 찍었는지 절뚝거리며 겨우 걸음을 옮기는 걸 보고도 간호사는 응급실로 걸어 내려가란다. 백의의 천사는 빈 휠체어를 밀고 여유롭게 내려간다. 그 휠체어를 물끄러미 쳐다보면서 애걸했으면 태우고 내려갔을까? 한참 뒤에 응급실 의사(흰 가운도 입지 않아서 의사인 줄도 몰랐다) 손짓을 한다. 의자를 가리키고는 엑스레이 상으로 뼈에는 이상이 없단다(물론 엑스레이 사진을 보여 주면서 설명을 해 준대도 모르기는 일반이지만). 그리고는 하루분의 약을 주고는 밖에 나가 대기실에서 기다리란다. 그때 혼자 실려 왔다는 생각이 들어 병원의 전화를 빌렸다. 빛바랜 연두색 외투도 비를 맞아 후줄근한데다 귀를 덮는 모자까지 썼으니 노숙자처럼 보였을까? 집사람은 응급실에 실려 갔다는 전화를 받고 어느 병원인지 몰라 허둥대고 막내아들 내외는 병원으로 달려와 그만해도 다행이란다. 참 웃음이 나온다.

사흘인가 지난 뒤에 젊은 어머니와 한 학생이(이름도 묻지 않았다) 사과를 한다며 집에 들렀다. 무슨 말을 하랴. 지난 일이고 돌이킬 수 없는 일이지 않은가? 그날 학생은 산악자전거로 비는 오고 모자는 깊숙이 눌러쓰고, 우산을 든 채 인도에서 신나게 달렸다나? "학생, 그만하기 다행일세. 나도 대학을 졸업한 손자가 있네그려. 이제 고3에 올라간다니 준비나 잘해 원하는 대학에 가게나……." 응급실에 동행도 하지 않았고, 사흘이나 지난 뒤에 찾아왔지만 늦게라도 예의를 차린 것에 감사하면서 젊은 어머니에겐 위로의 말을 건넸다.

요즘 유행하는 노래가 있다. "…못 간다고 전해라"다. 80세에 날 데리러 오거든 어떻게 하라고? 몇 살이든 건강하게 살다가 이 세상을 떠난다면 바랄 게 없겠지만 그건 하늘의 별따기라고 전해라. 보름이 지났지만 아직도 팔다리에 통증이 온다. 그래도 응급 처치와 응급실에 실어다 준 119 구조대에 감사를 드린다. 그만하기 다행이라니 이 말밖에는 할 말이 없다. '그래도 감사합니다.'

행복이라는 선물

인간사에는 행·불행이 있다. 사전적으로 행복은 심신의 욕구가 충족되어 조금도 부족감이 없는 상태를 말하고 불행은 언짢은 일을 당함으로 풀이한다. 언뜻 생각하면 행복하다고 한들 그걸 빼앗아 갈 사람도 없고 불행하다 한들 누가 해결해 주지도 않는다. 모두 자기의 몫이다. '당신은 행복합니까?'라고 물으면 수준을 따지지 않고 그저 행복하다고 말한다.

아파트 옆 범어공원에는 한 시간쯤 소요되는 등산로가 있어서 산책을 겸해 자주 오른다. 수종은 거의가 아름드리 상수리나무와 소나무다. 요즘은 가을철이라 오솔길에 도토리가 많이 떨어져 있다. 걷다가 보면 가끔 다람쥐나 청설모가 보일 뿐이다. 처음에는 그들의 양식이라도 되어야지 하며 줍지 않았다. 그런데 산책꾼들이 주운 걸 보니 욕심이 생겨 한두 개씩 주워 주머니에 넣었다. 여러 개 주운 날은 기분이 더 좋았다. 모은 도토리가 두어 컵이 되어 껍질을 까기로 했다. 망치로 두들기고 칼로 벗기는데 여간 힘든 게 아니었다. 손가락도 두 군데나 베이고 반창고를 붙이면서 괜히 남의 것을 훔쳐 왔다는 생각이 들었다. 그 뒤로는 '그건 내 몫이 아니다.'라는 생각으로 길섶이나 밭으로 던져 놓고 지나갔다. 그 도토리 같은 작은 욕심을 버리니 얼마나 마음이 가벼워지는지 모르겠다.

한 달에 두 번씩 신심 서적을 읽고 독후감을 나누는 '독서회' 모임을 만들었다. 능력이 있고 열성이던 여회원이 갑자기 뇌졸중으로 쓰러졌다. 다 정상인데 하반신 마비라고 한다. 중환자실에 입원하고 있으면서 회장과의 약속을 지킨다며 카톡으로 '부르면 희망이 되는 이름'을 읽은 독후감을 보내왔다. "신앙을 눈뜨게 한 아버지께도, 칠 년 전 타계한 남편에게도, 아들에게도 감사하고……. 그리고 사방에 두꺼운 벽조차도 어둠이라 생각하지 않고, 그림을 그리고 채색하고, 웃음도 심고, 좋아하는 음악도 구석구석 저장하고, 좋은 시도 적고……." 이 얼마나 아름다운 삶의 모습인가! 늘 찬란한 빛이 펼쳐지는 희망을 가진다고 하였다.

얼마 전 선정 도서인 '키릴 악셀로드 신부'를 읽었다. 청각과 시각 장애자인 신부님은 "하느님께서는 제게 맡기신 백성을 돌보시려고 제 청각 장애를 이용하셨고, 이제는 제 시각 장애를 이용하시겠지요."라 하셨다. 그 장애를 받아들이는 자세가 참으로 평화스럽다. 그는 성직자로 살면서 여덟 가지의 수화와 말하기 수준의 일곱 개의 외국어와 이디시어와 점자를 익혔고, 마사지 국가 공인 자격증까지 땄으니(신부님이 마사지하는 광경을 상상해 보라)……. 어쩌면 신비의 기적이 아닌가? 신부님은 "실패할 것이란 말만 하지 않으면 반드시 성공한다."는 걸 증명해 보였다.

며칠 전, 갈평 '피정의 집'에서 환경이나 주어진 조건을 탓하기보다 자신을 먼저 돌아보라는 생각이 떠올랐다. 책에서도, 주변의 삶에서도 스승은 적지 않다. 등산로에서 본 여린 구절초 한 송이, 한 쪽박의 샘물, 시원한 바람, 청설모의 날렵함, 그리고 사람들의 웃음들……. 모두가 행복의 표출이다. '채근담'에 "행복은 마음대로 불러들일 수 없으니 즐거운 정신을 기름으로써 복을 부르는 근원으로 삼아야 할 따름이요, 재앙은 마음대로 피할 수 없으니 살벌한 기운을 없앰으로써 재앙을 멀리하는 방도를 삼을 따름이다(福不可徼니 養喜神하여 以爲召福之本而已요 禍不可避니 去殺機하여 以爲遠禍之方而已니라)."라고 했다. 그래, 참 그렇지!

장갑 한 짝

집 가까운 성당에서 10시 미사를 봉헌하고, 20여 분 걸리는 언덕길을 넘어오는데 겨울비가 오락가락한다. 비도 비 같지 않아서 큰 우산을 접어 지팡이 삼아 짚고 내려온다. 단풍이 곱게 물들었던 참나무와 아카시아나무 사잇길이 오늘따라 탁 트인다. 산을 넘어 시장을 지나려니 집사람의 심부름이 생각났다. 김장을 담그는 데 쓴다며 쌀엿과 청각을 사 왔으면 했다. 정년퇴직 후 아파트에 두 사람만 살고 있으니 옛 버릇을 버리고, 심부름은 물론 밥도 지어야 하고, 서툴지만 된장국도 끓인다. 가끔 제대로 못했다고 핀잔을 듣기도 하지만 참으로 많이 발전한 터다.

이왕 예까지 왔으니 더 살 것이 없느냐고 물어보려니 한 손에는 우산을 들었고 더구나 가죽장갑을 끼고 있으니 여의치 않다. 가던 길을 멈추고 우산은 다리 사이에 세우고 오른손 장갑을 벗고 핸드폰을 꺼내 전화를 했다. 마트에 다 와서 장갑을 벗는데 한 짝이 없는 게 아닌가? 아차! 우산 때문에 제대로 챙기지 못하고 떨어뜨렸나 보다. 지하 계단으로 내려가다가 다시 올라와 혹시나 인도에 검은 장갑 한 짝이 떨어져 있는가를 살펴본다. 눈에 띄지 않는다. "그래, 내가 잘못했으니 잃어버려도 할 수 없지!" 하고 다시 내려갔다. 가르쳐 준 대로 청각과 쌀엿을 사고, 손녀가 좋아하는 '골드키위'를 세일하기에 두 팩을 사 들고 나왔다.

문득 간디의 일화 '신발 한 짝'이 떠올랐다. 막 출발하려는 기차에 간디가 올라탔다. 그 순간 신발 한 짝이 벗겨져 바닥에 떨어졌다. 이미 기차는 출발하는데 얼른 신발 한 짝을 벗어 승강장으로 던졌다. 누가 주워도 짝이 맞아야 신을 수 있다며……. 장갑도 그와 같을진대 짝을 맞추는 방법이 없으니……. 어찌 됐건 핸드폰을 꺼낸 곳까지만 가 보고 돌아오기로 했다. 그 자리에 서서 사방을 둘러보아도 없다. 오른쪽 아파트는 반 길 높이의 사철나무 담장이 쳐져 있다. 그 위에 눈길이 멎었다. 아! 거기에 한 짝의 장갑이 걸려 있지 아니한가! 누군가 길에 떨어진 장갑을 주워 찾기 쉽게 울타리에 걸어 두었나 보다. 값이 많고 적음을 떠나 수년 동안 추운 겨울을 함께한 것이기에 애착이 더할 수밖에 없다. 어느 분인지는 모르지만 감사의 마음을 드린다. 그리고 모든 분들이 행복한 하루가 되길 소망하면서 맑게 갠 하늘을 올려다본다.

"그래, 누가 뭐래도 아직은 좋은 사람들이 많이 사는 아름다운 세상인 걸!"

낙엽은 지는데

초겨울이지만 바람은 상쾌하고 시원하다. 범어공원을 오른다. 해방감이랄까 자유로움이랄까 그런 감정이다. 간호를 하더라도 나이가 들수록 더 '선善의 원숙圓熟'의 경지에 들어야 하는데 짜증도 나고 자괴지심自愧之心이 든다. '긴병에 효자가 없다.'는 말이 이해가 될 것 같다. 집사람은 심신이 허약한 상태여서 가끔 정상 대화가 어렵다. 눈만 뜨면 자꾸 가자고 조른다. 서울에 가자(서울에는 맏이가 산다). 선영이 집에 가자(선영이는 맏손녀다). 성당에 가자(미사를 드리려)……. 모든 생활을 다른 사람의 도움에 의지한다. 왜 못 가는지를 설명해 주어도 금방 잊어버린다. 이런 일들이 이어지니 환자라는 생각을 잊고 있을 때가 많다. 어떨 때는 끝 날에 '좀 더 잘해 줄걸' 하는 후회가 생기지 않길 희망하면서 '그래도 곁에 있어 주어 고맙다.'라는 생각을 한다.

산에 오르면 낙엽이 지천으로 쌓여 있다. 의자에 앉아 쉬고 있노라면 남은 낙엽들이 하나 둘 지고 있다. 바람의 방향에 따라 흔들리며 내려오지만 잎의 크기와 바람의 세기에 따라 착지의 속도나 위치가 다름을 발견한다. 겨울이 깊어지면 낙엽은 다 지고 이리저리 휩쓸려 몰려다니다가 언젠가는 눈앞에서 사라지고 앙상한 나무들은 화려했던 지난날을 회상하리라. 봄에는 조그만 연두색 잎을 내밀며 푸르른 여름을 생각했을 것이고, 가을에는 단풍을 뽐내며 겨울의 나목도 추위도 생각했으리라. 인생도 그와 다를 바 없다. 유년기와 청소년기, 그리고 장년기, 노년기를 보내면서 마무리하는 작업이 이어질 텐데 뭐 그리 아쉽게 생각할 일도 아니다. 낙엽을 보면 떠오르는 낱말들이 있다. 마지막 잎새, 이별, 눈물……. 별로 좋은 이미지가 아니다. 그게 바로 인생이란 것과 접목되어 오버랩 되기도 한다. 낙엽처럼 내 인생도 지고 있는 중이지만 오로지 내 몫이고 내가 마무리해야 하고 잘못 살았다 해도 누굴 탓할 일이 아니지 않는가?

아쉬움이 남는 말

세상살이가 쉽지 않다. 사소한 일이지만 적응을 못하는 탓일까? 요즘 젊은 사람들의 생활 방식에서 공감이 가는 일들이 많다. 어느 날 막내가 집에 오더니 옷걸이에 걸려 있는 옷을 모아 놓고 입지 않는 옷은 버리면 좋겠단다. 헌 옷 수거함에 넣어도 재활용을 한단다. 책, 앨범, 옷 등 버릴 게 한두 가지가 아니어서 선뜻 대답을 못했다.

며칠 전, 투병 중인 집사람이 만두 얘기를 했다. 집 가까이 만두집이 있어 가끔 이용한다. 집에는 먹을 사람이 세 사람인데 1인분은 5개가 아닌가? 내가 한 개를 덜 먹으면 되는데 공평히 하려는 짧은 생각으로 한 개 값을 더 드릴 테니 6개를 싸 달라고 했더니 안 된단다. 별난 요구도 아니고 돈은 다 주고 더구나 늘 이용하는 이웃의 부탁인데도 어려운 일일까?

산책을 나가면서 헌 운동화를 꺼낸다. 막내가 사 준 신발이고 밑창은 아직 새것인데 발뒤꿈치가 깨져 보관해 둔 것이다. 이 동네에는 구두 수선집이 없다. 친구를 만나러 버스를 타고 가다가 길가에 구두 닦는 집이 눈에 띄었다. 오는 길에 차에서 내렸다. 머리가 허연 노인이었고 수선비는 8,000원이란다. 아파트에 들어오면서 길가에 안 보이던 천막이 보여 가 보았더니 전에 오던 구두닦이 천막이었다. 운동화 수선을 물었더니 수선비는 15,000원이고 일주일이 걸린단다. 조금 전에 얻은 상식으로 "8천 원이면 된다는데요?"라고 말했더니 나이도 젊은 사람이 눈을 치켜뜨고 삿대질을 하면서 "거기 가서 고치시오." 하고 언성을 높인다. 운동화도 꿰매 신는 노인네가 무례한 걸까? 그 주인은 손님은 없었지만 바쁘다든지, 수수료 문제로 기분이 언짢다든지 등등의 이유도 댈 수 있을 텐데……. 돈 문제를 떠나서 버스를 타더라도 처음에 간 수선점에 가야겠다는 생각이 들었다. 헌 운동화를 들고 세 코스를 타고 갔다. 이리저리 보더니 가죽신발인데 좀 힘들겠다고 한다. 내일 이 시간에 와 보라고 한다. 집에는 새 운동화도 있고 잘못되어도 탓은 안 한다는 다짐도 했다. 다음날 약속한 시간에 걷기도 할 겸 20여 분 걸어서 갔다. 수선한 운동화를 한 번 신어 보라고 한다. 혹시 일거리가 어려워서 수고비를 더 드려야 될지 몰라서 얼마 드리면 되냐고 물었다. "8천 원만 주세요." 한다. 얼마라도 더 드리고 싶었지만 혹시 오해하여 마음을 상하게 할까 봐 그대로 드리며 고맙다는 인사를 하고 나왔다. 운동화를 신고 집으로 오면서 막내가 "아버지, 운동화 새로 사 드릴게요." 한 메시지가 떠오른다.

오늘 몇 친구들의 모임에 이 이야기를 했더니 익살꾼이 한마디를 던진다. 한 사람은 구두닦이만 할 사람이고, 한 사람은 만두 장사가 천직이란다. 웃어야 할까? 그것도 모르면서 이 나이까지 살아왔으니 세상 고마운 줄을 알라고 충고를 한다. 허 참! 그 말이 맞네그려.

폐차 처분

폐차 처분! 이제 쓸모가 없어서 버린다는 뜻을 담고 있어서 별로 듣기 좋은 말은 아니다. 차령은 열다섯 살이지만 관리가 잘되어 아직은 쓸 만하다. 1년 전에 방전이 되어 배터리도 갈고 많은 돈을 투자해서 대수리를 하였는데 반년쯤이 지나 또 방전이 되어 또 수리를 했다. 그런데 일주일이 멀다 하고 방전이 되니 불안할 수밖에 없다.

운전은 오래 한 편이지만 맨날 안전에만 신경을 쓴다. 오래전에 있었던 교통사고를 떠올린다. 네거리를 지나 신호를 보고 유턴을 했는데 뒤를 따르던 차 두 대가 추돌을 한 것이다. 혹시나 하고 차를 길옆에 세우고 내렸더니 30대 초반쯤인 여자 둘이 다가오더니 삿대질을 하면서 원인 제공은 당신이 했으니 책임을 지란다. 나는 어떤 원인을 제공했는지 모르는데 둘 다 한결같다. 한참 지난 뒤에 보험사에서도 오고 교통경찰도 왔다. 젊은 여자는 경찰관과 보험사 직원에게 거품을 물고 사고 경위를 설명하는데, 나는 아는 것도 없고 벌벌 떨려 한마디도 못했다. 혼자서 이런 생각이 들었다. '이 아가씨들아, 당신들이 태어나기 전에 난 운전한 사람일세! 내가 뭘 잘못했는지는 모르지만 너무 심하네그려.' 얼마 있다가 사고 처리를 하던 경찰관이 가까이 오더니 "할아버지! 할아버지 잘못은 없으니 걱정하지 마세요. 교통정리를 해 드릴 테니 조심해서 가세요." 한다. 운전대를 다시 잡으며 "등신도 살길은 있다"고 혼자 웃었다.

자주 방전이 되면서 제일 먼저 생각한 건 이제 운전을 그만둘 나이도 되지 않았나 싶다. 그래도 지금까지 큰 사고가 없었으니 무척 조심한 게다. 혹시 필요한 사람에게 그냥 줄 테니 알아보라고 했더니 없단다. 친구는 차를 중고시장에 내놓으란다. 차는 정년 후에 산 것이고 막내가 보건소 근무로 3년을 출퇴근을 해서 주행 거리가 24만km로 늘어난 것일 뿐 실제로 1년에 5천km도 못 뛴 경우일 게다. 폐차장에 연락을 했더니 금방 와서 가져가면서 "아직 새 찬데요" 한다. 오래 곁을 지켰던 것인데…….

요즘은 대중교통을 이용하는 게 훨씬 마음이 편하다. 밤에는 차 불빛이 어른거려 거리감이 잡히지 않고 불안하기 때문이다. 지금 계산으로는 기름 값, 보험료, 자동차세만 가지고도 바쁠 때 택시비가 충당된다고 한다.

인간에게 주어진 폐차의 시기는 언제일까? 몇 년째 약을 먹고 있고, 시력도 나빠지고, 자꾸 잊어버리기도 하고, 체력도 떨어져 힘들어지는 처지를 생각하며 폐차의 시기가 임박했다는 생각을 지울 수 없다. 차는 쉽게 가져갈 사람이 많은데 인간은 그렇지 못하니 그것이 문제가 아닐까? 누구라도 환영받는 폐차의 대상이 되려면 어떻게 해야 할까? 그 방법이 있을 텐데 말이다.

허허, 참!

허허, 참! 웃을 수만은 없다. 아무리 불신의 시대라지만 해도 너무하다는 생각은 떨칠 수 없다. 사람은 누구나 늙어 가고 병이 나면 병원을 찾기 마련이다. 매일 같은 일을 반복하는 사람들은 물론 누구나 직업의식에 앞서 인간애에 기초한 돌봄이 선행되어야 함을 생각하게 한다.

가족이 병원에 재입원하고 하루 한두 번씩 면회를 간다. 병원까지는 차를 이용하더라도 약 40여 분이 걸린다. 그래도 한 가지 희망을 품고 간다. '오늘은 어제보다 차도가 있겠지…….'하고 말이다. 매번 그 희망보다는 '점점 나빠지고 있구나!'라는 생각을 할 때가 많다. 마침 점심시간이어서 병상에서 점심을 먹는 모습을 볼 수 있었다. 다른 병상의 환자들은 모두 일어나 앉아 제대로 식사를 하는데 집사람은 류마티스 관절염을 오래 앓아 손이 변형이 되어 밥그릇을 손에 쥐고 먹을 형편이 못 된다. 가벼운 그릇에 음식을 담아 먹을 수 있게 배려해 줄 수는 없었을까? 걸레를 담는 플라스틱 세숫대야에 밥그릇을 넣고 손을 덜덜 떨며 한 숟갈 떠 넣고는 물끄러미 쳐다본다. 눈물이 핑 돈다. 몸을 움직이지 못한다고 이래 대접을 해도 되는 것일까? 속이 부글부글 끓어오른다. 밥그릇을 들어내고 세숫대야는 던져 버리고 내 손으로 밥을 떠먹인다. 그 시간에 간병인은 휴대폰을 만지작거리며 정신을 팔고 있지 아니한가! 좀 성가시겠지만(단추만 누르면 침상이 오르락내리락하는데도) 침상을 세우고 좀 조정을 해 주면 될 테고, 단 몇 숟갈이라도 먹여 주는 모습을 보여 주기가 그렇게 어려울까? 만일 자기의 부모라면 걸레 담는 그릇에다 밥그릇을 넣어 두고 먹으라고 하고는 핸드폰만 만지작거릴까? 당장 1인실로 옮기긴 하였지만 허허, 참!

먼 하늘을 보다가 '아침 마당' 프로그램을 떠올린다. 캠핑카로 여행을 다니는 70대의 부부의 얘기다. "어느 날 밤에 너무 어두워 길가에 차를 세우고 잤는데, 아침에 누군가 차를 두드려 나갔더니 우리 집에 오셨으니 아침을 드셔야 한다며 식사 초대를 한다. 마침 낚시한 고기가 있어서 드렸더니 매운탕을 끓여서 몇 집 사는 산동네에 잔치를 벌이겠단다. 가려니 잠깐 기다리라며 여러 가지의 곡식을 비닐에 조금씩 싸서 주면서 밥 지으실 때 섞어서 드시라고 한다." 이런 세상이 웃음이 나는 삶이 아니랴. 허허, 그래!

찰스 램의 일화다. 찰스 램은 빈부와 지위에 상관하지 않고 누구에게나 친절하려고 노력했다고 한다. 사랑하는 여인이 있었다. 하루는 그가 청혼을 하려고 그녀의 집으로 달려갔다. 그녀의 집에 도착해 문을 두드렸더니 집사가 나와 말하길 아가씨가 만나고 싶지 않다고 하더란다. 그 이유를 물었더니 이런 답이 왔다. "나는 오늘 당신이 우리 집을 향해 달려오는 모습을 보았지요. 그런데 당신은 마주 오던 걸인 여자를 떠밀고 미안하다는 말도 없이 오는 모습을 보고 나는 깊이 생각했어요. 약한 사람에게 친절을 베풀 줄 모르는 사람과 어떻게 결혼하겠습니까?" 찰스 램은 한 번의 실수로 사랑을 놓쳤지만 인생에서 가장 소중한 것을 배웠다고 했다. 허허, 그래 참!

2
산수에 걸린 여적

내가 한 사람의 '그 사람'이 되고
삶에는 웃음으로 채워 가는 노력이 필요하리라.
허허! 그래 웃음이 약이 아닌가?

오늘, 그리고 하루

요즘은 계절을 구분하기가 힘든다. 겨울인가 했는데 벌써 긴 팔 옷이 부담스럽다. 아파트의 현관문을 밀치고 나오니 온통 흐드러지게 핀 하야스름한 벚꽃과 마주한다. 언제 이렇게 활짝 피어 발길을 멈추게 하는가 싶다. 한 잎 두 잎 흩날리는 꽃비를 맞으며 서 있다. 벚꽃은 얼마 동안 화사한 모습을 보이다가 꽃비를 날리면 초록 잎을 내민다. 언젠가 왕벚나무의 원산지는 제주도 한라산과 해남 두륜산임을 알고 우리 꽃이라는 생각이 들어 친밀감을 더한다. 예기치 않게 이 꽃길을 걸을 수 있음은 행운이다. 갈 길을 잊고 걷고, 또 걷는다. 이 벚꽃 길에는 복사꽃이나 목련꽃도 어우러져 그 화려함을 더한다. 더구나 벚꽃과 소나무가 어우러진 길은 흰색과 녹색의 조화가 환상적이다. 이 길을 무작정 서성이다가 그래도 할 일들이 떠올라 버스 정류장으로 발걸음을 옮긴다.

늘 다니는 병원은 버스를 갈아타고 1시간 정도 소요된다. 간호사가 혈압과 혈당을 재더니 정상이라고 한다. 주치의에게 "생활에 별 어려움이 없다."고 하였더니 혈액 검사와 소변 검사를 해보고 처방하겠단다. 지상 명령인데 내 뜻이 개입될 일이 아니지 않은가? 모처럼 외출을 하고 시간이 남았으니 내일 계획한 치과 치료도 함께 받으려고 또 버스를 두 번이나 갈아탔다. 환자가 붐비지 않아 30여 분 만에 진료를 받아 운이 좋은 날이다.

며칠 전에 대형 할인 매장에 갔던 일을 떠올린다. 요새 입을 윗옷이 마땅치 않아 가벼운 점퍼 종류의 옷을 고르는데 가격도 비싸지 않고 색깔도 마음에 들었다. 한 아가씨가 지나가다가 힐끗 보더니 "할아버지! 그건 여자 옷인데요?" 한다. 남자와 여자 옷도 구별 못하는 주제에 뭘 사겠다고? 혼자 웃었다. 그 아가씨의 조언이 아니었으면 기분 좋게 사 들고 거들먹거리며 왔을지도 모른다. 요즘 대형 매장에는 도와주는 사람도 거의 없고 물건을 골라 계산대에서 계산을 하면 끝이 난다. 이래저래 뒤진 삶을 돌아보게 한다.

벌써 점심때를 넘긴 시각이다. 다시 큰길에 나왔다. 여기서도 아름다운 벚꽃이 줄을 서고 있다. 막내 집에 가서 손녀딸을 태워 학원에 보내고 다시 아파트로 돌아온다. 벚꽃 길로 산책을 가야겠다. 박물관 옆에는 나지막한 야산이 있어서 가끔 혼자 오른다. 1시간쯤 걸리는 코스다. 매일 30분 이상 운동을 하라는 주치의의 말을 늘 흘려들었다. 10여 분 오르면 몇 가지 운동 기구가 설치되어 있어서 가벼운 운동을 한다. 또 10여 분 오르면 배드민턴 구장에서 편을 나누어 게임을 하는 웃음소리도 들린다. 그 옆 음용수대에서 한 쪽박 물을 떠 마시고 정상으로 오른다. 여기서도 여러 사람들이 운동을 즐기며 땀을 흘리고 있다. 가벼운 운동이라도 땀방울이 송송 맺힌다. 맑은 공기와 시원한 바람이 살랑인다. 산에 사는 동물들이 놀란다고 '야호!' 소리를 하지 말라는 현수막이 걸려 있다. 그래 그것도 좋다. 그러나 먼저 해야 할 일들이 있다. 여기 산에 오른 사람들은 모두 이 주변에 사는 낯익은 분들이 아닌가? 오다가다 마주칠 때 서로 외면하지 말고 '안녕하세요?'라는 인사말이 아니더라도 눈인사라도 했으면 좋지 않을까? 먼저 아는 체하면 이상한 사람으로 오인 받을까 두렵기도 하지만……. 이 시간에 모여 여가를 즐기는 분들이 부럽다. 한참을 내려와 정리 체조를 하고 하산을 한다. 그래도 곁에 오를 수 있는 산이 있어 좋은 일이다.

'희망의 기도'(F. 구엔 반 투안은 베트남의 추기경으로 정치적인 이유로 13년간 옥살이를 함.)라는 책에 이런 글이 있다. "…반짝이는 아침 이슬, 한낮의 열기, 맑은 샘물, 시원한 바람, 새들의 지저귐, 따뜻한 우정의 손길, 교회의 종소리 등 감사함이 가득하다." 물론 감옥에서 쓴 쪽지 글이어서 더 절실하였겠지만, 우리는 일상에서도 감사할 일이 너무도 많지 아니한가? 걷고, 숨 쉬고, 볼 수 있고……. 산에서 내려온다. 그 화사한 아침의 감동이 다시 살아난다. 나무는 꽃을 피우려고 애를 쓰지 아니한다지만 잘 모르고 하는 말이 아닐까? 그 나름대로 사시사철을 가늠하며 꽃피울 시기를 저울질하지 않았을까? 금년은 그 개화 시기가 보름쯤 앞당겨졌다지만 그건 인간이 범한 계산 착오일 게다. 이제 모든 걸 다 내려놓는다고 했는데 이 벚꽃의 아름다움에 발길이 떨어지지 않으니 다 버린 게 아닌 것 같다. 서산으로 해가 기운다. 곧 어둠이 밀려오리라.

어제–오늘–내일…, 오늘 하루는 우리 인생에서 가장 중요한 날이 아니랴. “그저 오늘 하루를 알차게 보내려고 노력한다”는 성인 교황님을 떠올린다. 그리고 “인생은 흘러가는 것이 아니라 채워 가는 것이다. 하루하루를 내가 가진 것으로 채워 가라.”(존 러스킨)는 명언을 담으며 오늘 그리고 하루, 이 모두가 잘 살아 가야 할 날들이지 않은가?

하핫! 소리치며 웃자

요즘 세상 돌아가는 게 말이 아니다. 국제 정세는 요동을 치고 나라 안에서는 무슨 정국이니 하며 서로 헐뜯기에 여념이 없다. 그 선거에서 이기든 지든 갈기갈기 찢긴 상처가 쉽게 치유가 될까? 듣고, 보고, 다시 생각해 보면서 해결의 방법을 제시하는 어른은 없는가? 물은 제 길로 흐르기 마련이다. 하늘을 보고 좀 웃어나 보자. 다 만족스런 세상이 어디에 있을까마는 무거운 것 다 내려놓고 소리치며 웃는 것도 삶의 한 방법이 아닐까?

어느 글에서다. 어떤 사람이 식사를 주문한 신사에게 "수프 속에 파리가 빠졌네요?" 하자, 신사는 껄껄 웃으며 하는 말, "그냥 두세요. 파리가 먹으면 얼마나 먹겠어요?" 하더란다. 살면서 가끔은 여유나 유머도 필요하리라. 문제로 삼으면 크게 문제가 될 일이지만 가볍게 넘기면 웃고 말 일이 아닌가?

'간디의 재치'(좋은생각, 2015. 5)가 여운을 남긴다. 간디가 영국에서 공부할 때 하루는 대학 식당에서 피터스 교수 옆에 앉았다. 교수는 "이 보게, 잘 모르는 모양인데 돼지와 새가 함께 식사하는 경우란 없다네." 하길래 간디는 "아, 걱정 마세요 교수님, 제가 다른 곳으로 날아갈게요." 했다. 화가 난 교수는 시험에서 불이익을 주려고 했으나, 간디는 이미 만점에 가까운 점수를 받아 두었다. 교수는 분을 삭이며 간디에게 질문했다. "길을 걷는데 두 개의 자루를 발견했다네. 한 자루에는 돈이 가득 들어 있고, 다른 자루에는 지혜가 가득 들어 있다네. 둘 중 하나만 가질 수 있다면 자넨 어떤 쪽을 택하겠는가?" "그야 당연히 돈 자루죠." "쯧쯧, 나라면 지혜를 택했을 거네." "뭐, 그거야 각자 자신이 부족한 것을 택하는 것 아니겠어요?" 당황한 교수는 간디의 답안지에 '멍청이'라고 적은 후 그에게 돌려줬다. 간디는 교수에게 "교수님, 제 시험지에 점수는 안 적혀 있고, 교수님 서명만 있던데요?" 해 주었다.

우리의 삶에서도 이런 재치 있는 유머를 구사할 수 있다면 보다 행복한 시간들이 많아지리라. 웃음은 만병통치약이라고도 한다. 그리고 새로운 삶의 의미를 창출해 내기도 한다. 웃음을 뜻하는 한자어는 소笑이다. 웃음에 따라 여러 가지로 나타낸다. 웃음에 소리가 없으면 미소微笑, 떠들썩하면 홍소哄笑, 크기만 하면 대소大笑, 크고 갑작스러우면 폭소爆笑, 표정 변화와 소리가 어울려 크고 유쾌하면 파안대소破顔大笑라 한다. 불만을 나타내는 사나운 웃음도 조소嘲笑, 비소誹笑, 냉소冷笑가 있다. 어느 것이든 좋지 않은가?

한 남자가 생을 끝내고 싶었다. 쥐약을 먹으면 목숨이 위험하다고 들었다. 약국으로 갔다. 약사는 없고 어린 아들이 지키고 있었다. "여기 쥐약도 있니?"라고 물었다. "왜요, 쥐가 어디 아픈가요?" 그 남자는 그 한마디의 말을 듣고 고약한 생각을 고쳐먹었으리라.

소문만복래라 하지 않던가? '웃으면 복이 온다'는 글에서 "인생을 80년 살았다면 잠자는 시간은 26년, 일하는 시간은 21년, 먹고 마시는 시간은 9년, 근심 걱정 하는 시간은 6년 7개월이다. 그러나 웃는 시간은 겨우 20일밖에 되지 않는다."고 하지 않던가? 우리도 이제부터는 모든 게 만족하지 않더라도 웃으면서 하루를 시작하자. 하루가 소중하면 일 년이 소중하고 그러면 평생도 소중하게 여기리라. 주어진 오늘을 잘 살면 평생 행복하단다. 조금 못마땅한 일이 있을지라도 하핫! 소리치며 웃어 보자. 웃음은 인간이 선물 받은 최고의 활력소라 하지 않았던가? 그렇지, 하핫!

산수傘壽에 걸린 여적

여러 직업 중에 그래도 외풍이 가장 적은 곳이 교직이 아닐까 싶다. 별로 인기 없는 직종인지는 몰라도 인간 대접을 받는 직업이고, 자기가 노력한 만큼 보상이 오고, 바람도 덜 타고, 임지도 선택의 여지가 있고, 승진도 학연이나 지연 그리고 금력의 영향을 덜 받는다면 잘못 본 것일까? 물론 임지에 따라 기호의 정도는 다르겠지만 지나온 길을 돌아보며 웃을 수만은 없다는 생각도 한다.

약관에 교직에 발령을 받아 최선을 다하는 일념으로 살아왔다. 그 긴 세월 동안 왜 삶에 힘든 고비가 없었으랴만 돌이켜 보면 하루도 연가를 낸 일이 없었으니 맹꽁이 짓을 하면서 끝을 맺은 게다. 그래도 제대로 못 배운 한으로 늦깎이로 교육원과 교육대학을 졸업하고 방송통신대학에 편입학하여 수학하고 대학원 과정도 수료하였으니 집념은 있는 걸까? 정년을 하고 강산이 두 번이나 바뀌었는데 사회를 그렇게 모르면서 살아남은 게 기적이란 생각도 해 본다.

교직은 아니지만 존경하는 분이 계셨다. 그분은 스스로를 바보라고 책망하고, 사랑이 머리에서 가슴까지 내려오는 데 70년이 걸렸다며 자신의 사랑이 모자람을 부끄러워했다. 그분은 어머니를 회상하며 "내게도 우리 조국 한국이 으뜸이고, 우리 어머니도 세계에서 으뜸가는 어머니이다."라 말씀하시고 '큰형이 일본에서 화상으로 죽게 되었다는 소식에 주소 하나만을 들고 일본으로 건너가(일본 말은 하나도 모르시지만) 형을 데려와 약을 만들어 먹여 살리신 이야기'로 어머니의 사랑을 그렸다. 그분은 성인聖人으로 추앙을 받으시는데 그런 바보가 이 세상에 또 있을까?

불현듯 어머니가 그립다. 초등학교를 졸업하고 읍내 중학교에 들어가면서부터 하숙 생활을 했었다. 어머니는 아들의 양식을 이고 40리 길을 걸어서 하숙집에 오신 일이 한두 번이 아니었고,

직장을 가졌을 때도 집에 간다고 연락을 하면 머리가 허연 엄마는 늘 고샅길에 나와 계셨다. 그리고는 국수와 묵을 내오셨다. 지금도 가장 좋아하는 음식이다. 어느 어머니인들 자식에 대한 사랑이 다르랴마는 그 사랑을 늘 가슴에 안고 살아간다.

늘 가는 동네 병원에서다. 이사를 한 지 오래되었어도 낯가림이 심해 병원을 옮기지 않아 버스로는 한 시간이 걸리는 먼 거리다. 몇 대 세우는 주차장도 빈 곳이 없어 한 약국 앞 인도에 걸쳐 빈자리에 세웠다. 진료라야 환자가 적어서 길어야 20여 분 내외인데 늘 가는 약국에서 약을 지어 차에 갔더니 옆 약국 주인이 나와 주의를 준다. 사과를 하고 집으로 왔는데 하루 뒤 주정차 위반 딱지가 날아왔다. 그것도 고발에 의해 구청 교통과에서 발부한 것이다. 영업에 방해를 준 것도 아니고 차가 붐비는 시간도 아닌데 다른 약국을 이용한 괘씸죄에 찍힌 걸까? 이런 세상이 있는 것도 지금껏 모르고 살았다.

내자가 재활병원에 한 달 넘게 입원하였다. 거리가 멀어 가끔 차를 가지고 간다. 그날도 주차장에 주차하고 무사히 귀가했는데 한 시간쯤 뒤에 그곳 경찰서에서 전화가 왔다. 옆의 차를 긁은 일이 없느냐고 한다. 그렇다고 했더니 한 시간쯤 뒤에 확인하러 가겠단다. 병원에서 여기까지 한 시간은 족히 걸린다. 혹시 몰라서 손전등(확인을 잘하라고)을 가지고 지하 주차장에 내려가 살펴보았더니 이상을 발견하지 못했다. 한참 뒤에 30대 젊은이와 경찰관이 와서 차를 밝은 곳으로 옮겨 달라고 한다. 아니 아무리 외제 차이기로서니 긁힌 자국이라는 게 앞 범퍼에 손가락 한 마디 정도의 옅은 긁힘인데 경찰서에 가서 신고를 하고, 한 시간 가까이 타고 와서 확인을 하는 열성이 참 놀랍다. 경찰관은 건네준 손전등과 줄자로 여기저기 확인을 하더니 이상이 없으니 미안하다고 했다. 그런데 젊은이는 아무 말 없이 경찰관을 태우고 가 버린다. 아주 비싼 차여서 그 정도의 열성을 보였으면 타지 말고 조심해서 밀고 가야지 왜 타고 가는지 모르겠다. 말 한마디로 천 냥 빚을 갚는다는데 '젊은이도 잘못된 걸 알았으면 사과를 하는 게 옳지 않을까?' 하고 바보스런 생각을 해 본다. 그까짓 노숙자 취급을 받으면 어떻고, 주정차 위반 딱지는 이유가 어떻든 차를 잘못 세워서 일어난 일이고, 젊은이는 비싼 외제 차가 긁혀 기댈 곳이 없어졌으니 그럴 테고……. 그저 허허하고 웃어넘길 일이기도 하지만 참 바보 같은 짓만 하고 다닌다는 생각이 짙다.

코헬렛에는 세상의 부와 명예와 권력과 영광을 누렸지만 허무를 고백한다. 그는 인간의 행복이 그런 것에 달려 있지 않음을 깨달은 것이리라. 여기에서 인생의 허무를 탄식한 말이기보다 지나가는 것을 마음에 두지 말라는 충고로 받아들여진다.

며칠 전 월간지에서 읽은 이야기다. 아주 친한 친구에게 "친구야, 나 먼저 가네."라고 전화를 하고는 숨을 거두었다는 기사다. 죽음을 알릴 만한 그런 친구를 두었으니 잘 살았다는 생각을 한다. 또 함석헌 선생의 '그 사람을 가졌는가?'란 시가 있다. "잊지 못할 이 세상을 놓고 떠나려 할 때 / '저 하나 있으니' 하며 / 빙긋이 웃고 눈을 감을 / 그 사람을 그대는 가졌는가?" 선뜻 긍정적인 대답을 할 수 있다면 참 행복한 사람이리라. 기쁨과 슬픔, 행복과 불행, 삶과 죽음이 동전의 양면이라는데 쉬운 해결책이 있단다. 동전을 엎어 버리면 된다는데……. 엘리엇은 "너에게 무슨 일이 일어나든 웃음 이상의 해결책은 없다."라고 하지 않았는가! 이제 얼마 남지 않은 시간에 내가 한 사람의 '그 사람'이 되고 삶에는 웃음으로 채워 가는 노력이 필요하리라. 허허! 그래 웃음이 약이 아닌가?

참 행복한 사람들

문학회 모임이나 친교 모임에서 1차 회식이 끝나면 2차로 가는 곳이 노래방이다. 사실 처음부터 끝까지 아는 노래가 하나도 없긴 하지만 그 분위기에 적응하기가 참 어렵다. 요즘은 초등학교에도 음악 전담 선생님이 있지만 옛날에는 담임이 오르간도 치고 노래도 가르쳐야 했다. 학급을 맡았을 때에는 음악 수업도 해 왔었고 초임 시절 혼자 빈 교실에 남아 오르간을 치면서 노래도 부른 기억이 있는데도 말이다. 그런데 언제부터인가 노래방 이야기가 나오면 어떤 구실을 대서라도 피한다. 이제는 벌금을 내더라도 버릇으로 굳어져서 제외시켜 주면 얼마나 고마운지 모른다.

가끔 TV에서 '전국 노래자랑'이나 '가요 무대'를 시청한다. 젊은이들이 부르는 노래는 가사를 알아듣지 못해서 채널을 넘기고 옛날 노래들은 가사도 의미를 새길 수 있고 리듬도 몸에 익힌 것이어서 별 부담을 갖지 않고 듣기도 한다. 객석을 유심히 보고 있노라면 참 행복한 사람들을 본다. 자기 흥에 겨워 따라 부르는 사람들은 있을 수는 있다. 그런데 노래 부르는 사람과 악단의 반주와 객석의 분위기에 혼연일체가 되어 손뼉을 치며 노래를 부르기도 하고, 깃발을 흔들면서 춤추며 돌아다니기도 하고, 자리에서 일어나 몸을 비틀고 흔들면서 분위기를 맞추는 것을 보면 어떻게 저렇게 몰입할 수 있는지 부러운 생각이 든다. 물론 노래를 잘하는 사람은 상을 받기도 하지만 관객 중에도 노래 못지않게 '흔들이 상'이나 '1등 관객상' 등을 개발하면 어떨까 싶다. 물론 그게 아니라고 할지 모르지만 한 번 해 보는 소리다.

야구 경기를 좋아하는 친구가 있다. 산행에서 두 친구가 만나면 산행이 끝날 때까지 야구 이야기다. 경기의 룰이며 좋아하는 팀의 선수 개개인에 대한 얘기며 감독의 역할까지 모르는 게 없다. 어쩌면 요즘의 세태를 보면서 한탄 섞인 말로 스트레스를 받는 것보다는 훨씬 낫지 않을까 싶다. 관객석의 풍경도 잘할 때엔

환성을 지르고 기대에 못 미치면 아쉬워하는 건 있을 수 있는 일이지만……. 물론 운동 경기에서 심판의 편파 판정으로 억울함이 클 수 있겠지만 요즘 경기를 관전하다 보면 비디오 판독으로 바로잡는 걸 보며 웃음 짓기도 한다.

근간에 읽은 이야기다. ('값진 금메달', 좋은생각, 2017. 1) "자토페크와 클라크는 올림픽에서 맞붙었다. 그러나 승리는 자토페크의 몫이었다. 경기를 마치고 두 사람은 다시 만났다. 자토페크는 클라크에게 조그만 상자 하나를 건넸다. '꼭 비행기에 탄 뒤 풀어 보게.' 비행기에서 상자를 열어 보았더니 반짝이는 금메달이 들어 있었다. '클라크, 수년간 함께 뛰어 주어서 감사할 따름이네. 자네의 칠전팔기의 정신이 나를 얼마나 자극했는지! 덕분에 늘 자만심을 경계하고 앞으로 나갈 수 있었네. 이 메달은 당연히 자네가 가져야 하네. 내 진심을 받아 주겠나?'" 참 흐뭇하다.

교직을 택한 건 어쩌면 숙명이 아닐까 한다. 면내에는 중학교도 없었고, 사범학교(고등학교 과정)를 졸업하면 교사로 발령 받았으니 요즘 같으면 옛날얘기다. 45년 교직 생활에서도 반은 학교에, 반은 전문직에 있었으니 반쪽인 셈이다. 학교에 있었어도 거의가 무임소(교무주임이나 연구주임은 담임을 맡지 않아서 붙인 이름)였었고 짧게라도 교감, 교장을 거쳤으니 학급 담임을 맡은 건 손꼽을 정도이니 교직의 핵을 벗어난 경우가 아닐까 한다. 6학년을 담임해 본 경험도 2년 정도였을까? 나이가 들어 환갑을 맞은 제자들이 찾아왔다. 여러 해를 찾았는데 마지막 근무처인 교육청에 물어도 가르쳐 주지 않더란다. 10여 명의 제자들이 모여 회식을 하며 회상의 시간을 보냈다. 다 제 영역에서 자리를 잡고 있어서 대견스러웠다. 환갑이 지났어도 어릴 적 이름을 부른다. 그게 좋단다. 그런데 가끔 어릴 적 모습이 튀어나와 웃음을 짓는다. 그중에 밤에만 운전한다는 친구가 있다. 이 친구는 학교에 다닐 때의 솔직함 그대로 전혀 구김이 없이 한 달에 300만 원은 생활비로 나머지는 잡비로 쓴단다. 낮에는 아흔이신 노모를 돌보고 자유로이 모든 일을 할 수 있어서 좋고, 남이 잘 땐 일거리가 있어서 행복하단다. 그 마음 씀이 태평양 같다. 삶은 보람을 찾고 생각하기 나름이 아니던가? 행복한 제자들을 두어 자랑스럽다.

어떤 글에서 부족함이 행복을 준단다. 행복은 버리고 내려놓고, 포기함으로써 얻어진단다. 인간은 적당하게 아픔과 고난이 있어야 한단다. 자기 처지에서 만족하는 법을 배우는 게 비결이란다. 마음에 새길 일이다. 어떤 일에도 제3자가 되어 감동 없이 관전하는 것보다 그 경기나 그 행사에 몰입하는 일은 얼마나 신나는 일인가! 이제 서툴긴 하겠지만 잘 못하면 어떠랴. 늦었지만 그 분위기에라도 젖어 보려는데 어렵다. 오늘 당장 행복한 사람이 될 수 있는데 왜 망설이고 있는가? 가족, 친구와 이웃, 성공이라는 것도 나를 행복하게 해 주기 위해 존재한다는 것을!

첫째가 될 꼴찌

'첫째가 될 꼴찌'는 무척 희망적인 말이다. 만일 우리가 삶을 이어 가는 동안에, 어떤 경우이건 첫째는 늘 첫째이고, 꼴찌는 늘 꼴찌에 머문다고 한다면 참 재미없는 세상이 될 게다. '꼴찌가 첫째'가 될 수 있다는 건 누구에게나 도전이 허용되고 희망을 주는 일이다. 말을 바꾸어 '꼴찌가 될 첫째'라면 반갑지 않은 일이다. 차라리 첫째를 하지 않았으면 더 나을지도 모를 일이다. 그것은 첫째라는 우쭐하는 버릇으로 현재의 삶을 망쳐 버릴지도 모르기 때문이다. 사실은 첫째나 꼴찌는 경우에 따라서 이렇게도, 저렇게도 될 수 있는 일이 아니던가.

지금, TV에서 '2004 아테네 올림픽'의 꽃인 마라톤 경기의 시상식 중계를 보고 있다. 어느 이름난 선수는 출발 전 인터뷰에서 "이번 올림픽 마라톤에 온 인생을 걸겠다."고 하여 정말 기대를 가지고 새벽까지 3시간 이상 경기의 중계를 지켜보게 했다. 예측이 빗나가서 참으로 아쉬웠지만 중반 이후에 속도를 내어 조금이라도 앞서 주었으면 하고 바란 것은 비단 나만이 아니리라. 맨 앞을 달리던 선수가 괴한에게 떠밀려 방해를 받았을 때 너무도 황당함을 느꼈지만 3등으로 골인하는 것을 보고는 그 선수의 의연함과 용기에 박수를 보냈다. 1등이라도 2시간 이상을 달려야 하는 그 어려운 경기임에도 시상은 역시 1, 2, 3등뿐이니 참 아쉽다. 어느 선수는 1등보다 2시간이나 더 늦게 골인하였으나 그 투지는 100미터를 10초에 달려서 받은 메달보다 못하지 않다는 생각이 든다. 유명 선수의 인터뷰를 보면서, 자기는 경기를 위한 준비에 최선을 다했을지라도 다른 사람의 노력은 베일에 가려져 있으니 '……연습한 대로 최선을 다하겠다.'라고 했으면 가벼웠을 텐데 아쉬움이 남는다.

시상대에는 3등이 먼저 올라가 동메달을, 다음으로 2등에게 은메달을, 마지막으로 1등에게 금메달이 수여되었다. 그리고 1등을 한 나라의 국가가 연주되고, 모두 1등 자리로 올라가 어깨동

무를 하고 기념사진을 찍는다. 그러면 모두가 1등 자리에 올랐으니 첫째가 된 셈이 아닌가. 기분 좋은 일이다. 다른 경기에서 1등을 하고 당당하게 서 있는 사람도 2, 3등과 격렬하게 겨룬 사람들이다. 경기를 마치고는 등수에 관계없이 주심의 신호에 따라 두 사람이 마주 보고 인사를 나누고, 악수를 하거나 서로 어깨를 두드려 주며 격려해 주는 모습이 너무 아름답다. 올림픽 경기의 이상을 인간의 완성과 세계 평화에 둔 것을 상기하게 한다. 첫째의 자리로 오르기까지 쏟아 부은 노력은 상상을 초월할 것이다. 비록 메달은 따지 못했을지라도 참가한 선수들 각자가 그 나라에서는 최고일 것이고, 박수를 받아야 할 만큼 훌륭한 선수일 게다. 거듭되는 실패에도 불구하고 희망을 잃지 않고 목표를 향한 노력으로 승리의 월계관을 쓴 사람들이 아닌가.

윌마 루돌프의 이야기가 있다. 그는 자녀의 서열로 20번째, 그리고 조산아로 태어나 생존 확률이 거의 없었다. 폐렴에, 성홍열이 겹쳐 왼쪽 다리가 마비되었다. 그러나 아홉 살이 됐을 때 윌마는 다리에 차고 있던 금속 보조대를 스스로 떼어내고 목발 없이 걷기 시작하였다. 열세 살 때 윌마는 춤추는 듯한 이상한 걸음걸이로 혼자서 걸을 수 있었다. 같은 해에 윌마는 달리기 선수가 되었지만 그녀는 꼴찌로 들어왔다. 몇 년간 모든 경기에 참가했지만 언제나 꼴찌였다. 어느 날 그녀가 1등으로 들어오게 되고 다시는 걸을 수 없다던 이 어린 소녀는 올림픽에 참가하여 3개의 금메달을 목에 걸었다.

그의 어머니는 윌마에게 원하기만 하면 무엇이든지 이룰 수 있다는 믿음을 심어 주었다. 그가 첫 번째로 가장 강력하게 원한 것은 금속 보조대 없이 걷는 것이었다는데… 희망을 가진 인간 의지의 승리가 아니랴.

또 '누구를 위하여 종은 울리나'에 출연해 세계 영화 팬들의 가슴에 지울 수 없는 감동을 남긴 잉그리드 버그만은 코가 너무 크고, 치아가 튀어나와서 배우로는 어울리지 않는다는 혹평을 받았음에도 "난 내 코가 좋다"고 소리쳤다고 한다. 아마 이런 뱃심 좋은 희망이 성공의 열쇠가 아니었을까.

이번 올림픽에서도 메달에는 멀었지만 갈채 받은 선수들이 많았다. 3시간 50분을 달린 마라톤 선수, 맨발로 트랙을 달린 육상 선수, 7번이나 출전하고도 한 개의 메달도 건지지 못한 선수도 있었다. 목표 달성을 위한 노력이 즐겁기보다는 오히려 괴로움이 더 컸을 것이다. 그러나 고통을 인내하고 희망의 끈을 놓지 않았을 때 열매가 열린 것이다. 이 세상에서 모두가 부러워하고 갖기를 원하는 것들, 어찌 보면 바보 같은 소리라고 하겠지만 바르게 얻지 않은 신분이나 돈, 권력이나 명예를 탐하여 끌려다니는 사람들은 '꼴찌가 될 첫째'가 아닐까?

지리산의 물소리

골짜기의 냇가를 따라 걷는다. 여기저기서 흘러나온 도랑물이 '철썩 철써덕……'하는 그 소리는 발걸음을 옮길 적마다 색깔이 다르다. '물소리'는 물이 떨어지거나 흐르거나 흔들거리거나, 또는 물에 무엇이 떨어지거나 하여 나는 소리다.

어찌 보면 물이 위험한 상황을 맞아 높은 곳에서 떨어지거나 크게 흔들거리거나, 무엇이 떨어져서 서로가 부딪혀서 깨지고 흩어지며 본능적으로 터지는 소리인데 그게 불협화음이 아니라 밝은 화음으로 변하여 사람들의 마음을 통째로 사로잡는다. 계곡의 상류로 올라갈수록 그 소리도 숨 가쁘게 들린다. 쏴– 세찬 바람이 휩쓸고 지나가는 소리 같기도 하고, 소나기가 퍼붓고 난 뒤 흙탕물이 콸콸 계곡에 넘쳐흐르는 소리 같기도 하고…….

물소리에 반한 건 물한계곡에 갔을 때도 역시 그랬다. 물길은 보이지 않는데도 산정을 오르는데 물소리는 계속해서 들려왔다. 가끔은 힘차게 더러는 속삭이듯 귀를 기울여야 들릴 만큼 가냘프게 들려왔다. 그 소리는 인간의 재주로 표현할 수 있는 소리의 범주를 벗어난 듯하였다. '주룩 주르륵…'하고 소나기 퍼붓는 소리, '끼르 끼르륵…' 하고 울어 대는 새소리, '우르르 처–엉 철…' 하고 폭포에서 물이 내리꽂히는 소리, '사르르 사르르…' 하며 눈 감고 흐르는 그 소리는 그대로의 꾸밈없는 소리로 와서 머문다.

주말에 가까운 친구들과 지리산 자연휴양림에 갔었다. 일상의 쳇바퀴를 벗어나는 일이어서 몸과 마음이 한결 가볍다. 이 휴양림은 지리산 동북쪽 끝자락인 경남 함양군 마천면에 자리하고 있다. 계곡을 들어가면서 아직도 잠을 덜 깬 듯 흐릿하게 보이는 산과 길가 군데군데에 서 있는 산벚나무의 꽃이 수줍은 듯 하야스름하게 피어 있었다. 속이 탁 트인다. 일행은 휴양림의 '숲속의 집'에서 짐을 풀었다. 그러고는 창문을 열었다. '철썩 처얼썩 쏴…' 하는 소리가 온 방을 채운다. 개울에서 흐르는 물소리였다.

계곡에는 어둠이 짙어 오는데 천상의 노래를 들으면서 술잔을 건네며 세상을 살아가는 아름다운 꿈을 꾼다.

아침 일찍 일어나 산에 오른다. 푸른 하늘이 산봉우리에 걸려 있다. 상큼한 공기가 가슴을 쓸어내린다. 쑥과 고사리가 무더기 지어 나 있고 두릅이 가지 끝에 치솟아 있다. 고사리와 두릅을 서너 줌 꺾어 아침 밥상에 올렸다. 그 산채의 향기가 입 안에 가득히 고인다. 아침을 먹고 물소리를 따라 다시 산책을 나섰다.

현관을 나오다가 산림문화휴양관의 안내도를 보면서 참 재미있는 이름이라는 생각이 들었다. 방마다 황조롱이, 사향노루, 동자꽃 등으로 이름이 지어져서 저절로 지리산의 생태 분위기에 젖게 해 주었다. 더 바란다면 지리산의 절경이나 천연 보호의 대상이 되는 희귀한 동식물의 이름이 사진과 함께 안내되었으면 금상첨화였으리라. 지리산에는 구상나무, 흰참꽃나무, 여우꼬리풀, 곤줄박이, 진박새, 동고비, 쏙독새… 등 생소한 동식물의 이름들이 눈을 번쩍 뜨이게 했다.

계곡에서 물길을 거슬러 산책로를 오르며 물소리의 장단을 듣는다. 소리꾼들이 폭포 아래에서 목소리를 다듬는 이유도, 시인 묵객이 물을 찾는 까닭을 알 듯하다. 물소리는 몰아의 경지로 손을 잡고 가나 보다. 물은 무색, 무미, 무취라고 하는데 왜 흘러내리면서 하얀색으로 보일까?

하천의 급경사에 몸을 맡기고 크고 작은 돌멩이나 둥글거나 뾰족한 바위 사이를 비집고 질주하면서 부딪히고 부서지고 하얗게 바래져서 아름다운 소리를 내는 것일까? 어쩌면 그것은 물의 지혜일지도 모른다. 얕은 시냇물일지라도 흘러가다가 작은 돌멩이를 만나면 타 넘어가고, 큰 바위를 만나면 돌아서 가고, 그것도 허락하지 않으면 모여 있다가 때를 보아서 아래로 흘러간다. 참으로 지혜롭지 아니한가?

남쪽으로 내려오면 봄이 더 짙을 것이라는 생각이었는데 아직도 산은 겨울잠에서 막 깨어나 눈을 비비고 보듯 흐릿한 모습이다. 물이 흐르는 그 바위 사이에 수령이 30여 년은 족히 됨 직한 한 그루의 소나무가 있다. 역시 가지도 뻗었고 새들도 그 가지에 둥지를 틀었다. 가끔은 새들과 산짐승들도 인적이 드물 때 둥지나 산에서 내려와 물을 마시고 갈증을 해소하리라. 물에 발을 들여놓은 소나무도, 거기에 둥지를 튼 새들도, 숲 속의 짐승들도 서로 어울려 잘 지내고 있다.

작은 물길을 따라 물소리를 타고 너무 멀리 올라왔다. 출렁다리를 건너 숲 속을 지나 제자리로 돌아온다. 계곡의 노래가 창틈으로 스며든다. 어머니의 품처럼 포근함에 싸인다. 아! 참 좋은 날, 꾸밈이 없는 그대로의 모습, 그대로의 소리, 그런 건 모두가 아름다움을 창조한다. 지리산 계곡의 '숲 속의 집', 청아한 물소리가 이 시간에도 들리는 듯하다.

3
난전 국수

난전에서 국수 한 그릇을 먹고,
선한 사람들의 실수가 낳은 용서와 사랑을 보면서
그렇게 행복감을 느껴 본 적이 없다.

동백꽃의 미소

아파트 베란다에는 여러 개의 화분이 있다. 그 꽃과 나무들 중에 동백나무(일명 산다)도 한 그루가 있다. 바닷가 도시에서 근무할 때다. 수반 위에 벽돌 두 장을 붙여 세운 크기의 부석 한가운데에 옴폭 팬 밤톨만 한 구멍에다 반 숟가락의 흙을 넣고 젓가락 굵기의 한 뼘쯤 되는 어린 동백나무를 심은 소품 한 점을 친구에게서 얻었다. 처음에는 울릉도 속돌의 매력이나 산다화의 꽃말인 '허세 부리지 않음'이나, 늘푸른큰키나무의 매력 때문이 아니었다. '동백나무가 돌에 뿌리를 내리고 자란다.'는 그 신비감에 끌렸다. 흡사 깎아지른 천 길 낭떠러지의 중간에 한 그루의 소나무가 뿌리를 박고 몇 십 년을 따가운 햇볕과 눈비에도 살아

남아서 사람들에게 그 끈질긴 생명력에 대한 외경심과 경탄을 이끌어 내듯이 말이다. 처음에는 이 동백이 단 몇 년이라도 뿌리를 내려 살아 준다면 노지의 화단에다 다시 심어 네 활개를 펴고 자라게 하겠다는 약속도 지키지 못하고 아직까지 베란다에 모셔 두고 있다.

오래 전에 노목의 정취를 보여 주는 소나무 분재를 갖고 있다가 관리의 잘못으로 낭패를 당한 일이 있었다. 그래서 분재라면 문외한이기도 하지만 죄책감이 들어서 내 것인 양 소유하지 않기로 결심을 굳힌 일이 있었다. 분재는 그 우거진 숲이나 고산 절벽을 연상시키는 등 다양한 기교와 창의력으로 여러 가지 수형을 분에 창출하기도 한다. 이 소품도 분재로 이름 할지는 몰라도 수반의 물만 잘 관리하면 나무는 살릴 수 있다고 하는 말에 솔깃하여 지금까지 함께해 온 것이다.

그러나 이 동백나무는 돌에 뿌리를 내리고 처음에 수형을 잡는다며 철사로 그 가지를 칭칭 감아 억지로 자라지 못하게 해 두어서 마음에 걸렸다. 그리고 어린나무의 가지에 움푹 파인 자국에 밴 아픔을 보고는 철사는 모두 제거해 버렸다. 어쩌면 옛날 중국에서는 전족이 미의 한 기준이 되어 환영을 받았을지는 모르지만, 힘든 고생은 보기에도 민망하다. 원예가가 그 예술적인 가치를 모른다고 나무라더라도 달게 받겠지만, 10여 년을 창가에만 앉아 창문으로만 세상을 바라보는 동백의 심정도 헤아려야 하리라. 수반에는 동백이 심겨진 부석이 자리하고 한 마디 깊이로 물을 담고 정성을 쏟은 셈이다. 사철 신선한 녹색 잎 그리고 해가 쌓이면서 부석 둘레에 낀 파란 이끼가 주는 그 생명의 힘 때문이었다. 예나 지금이나 키는 비슷하지만 줄기는 새끼손가락만큼 굵게 자랐다.

늘 아침에는 먼저 베란다에 나가서 난 분 10여 개와, 산세베리아, 석화, 그리고 선인장과 얼굴을 대하는 게 버릇이 되었다. 어느 날, 두 개의 난 분에서 3개의 꽃대가 올라왔다. 그래서 매일 아침 뾰족이 내민 갈색 꽃대가 사랑스러워 손길이 갔다. 그런데 일주일이 지나고 2주일이 지나도 꽃대가 더 자라지 않았다. 그러더니 꽃대는 말라 시들어 버렸다. 그대로 두었으면 오래도록 그 진한 향기를 맡을 수 있었을 텐데…… '선무당 사람 잡는다'더니 무식하여 꽃을 피워 보지도 못하고 오히려 망쳐 버린 것이다.

어느 날 아침, 동백나무 잎자루 가까이에서 새잎이 돋아나는 듯했다. 각각 다른 가지에 녹색의 쌀알 크기로 세 개나 달려 있었다. 자세히 보니 잎이 아니고 꽃망울이었다. 오래도록 기다려도 대접이 매양 그대로이니 꽃망울이라도 맺어 미소를 지어 보려는 것일까? 부석에 심은 것이라 거름도 하지 않았고, 가지치기나 수형도 잡아 주지 않았으며, 병충해 방제도 한 일이 없었다. 그런데도 강산이 바뀔 무렵에 와서야 꽃망울을 내밀다니…….

작은 꽃망울을 쓰다듬어 주고 싶다. 그런데 '난의 꽃대' 생각이 불현듯 떠올랐다. 이번에는 서툰 사랑을 주는 어리석음을 범하지 않으려고 다짐한 터다. 이 꽃망울을 맺는 데도 오랜 세월이 걸렸으니 늦게 피우더라도 상관하지 않으리라. 열매를 맺을 철인데도 개의치 않고 대추 씨만 한 꽃망울을 열고 크게 웃을 날은 언제일까? 다만 빨간 동백꽃의 화사한 웃음이 기다려질 뿐이다.

난전 국수

난전은 '허가 없이 길에 함부로 벌여 놓은 가게'를 말하고, 난전 국수는 난전에서 파는 국수를 일컬어 써 본 말이다. 본당 70대 이상 노인들의 모임인 요셉회에서 이번 크리스마스 축제 때 '야곱의 우물에서 예리코의 여인숙까지'의 성극을 하기로 했다. 시나리오는 영문학자인 김 교수님이 쓰고 연출은 회장이 맡아 배역을 정하고 소품 준비와 연습에 들어갔다. 10여 분 내외의 단막극으로 각 배역의 대사는 몇 마디 안 되지만 나이가 드신 분들이라 소화하기가 쉽지 않다. 그래도 관객들의 재미를 생각하고 대사를 똑똑히 전하는 데 최선을 다하자며 서로를 격려한다. 내게 주어진 배역은 '착한 사마리아 인'이었다. 의상으로 한복이 좋을 것 같아서 전에 입던 걸 달랬더니 오래된 옷이라 헌 옷 수거함에 넣었다고 한다. "왜 그걸 버려?" 하고 짜증을 냈더니 한 벌 새로 장만하잔다. 옷은 취향이나 치수도 맞아야 한다기에 떨떠름했지만 따라나섰다. 집 앞 마트나 골목 시장에 가끔 같이 나가기도 하지만 좋은 물건을 고르는 의미보다는 짐꾼 역을 위해서다.

서문시장 입구에 들어섰다. 평일이고 날씨가 추운데도 사람들이 붐빈다. 아마도 이름난 재래 시장이어서 그런가 보다. 사람들 사이를 비집고 이리저리 돌아서 가는데 점심때가 되었으니 국수 한 그릇 먹고 가잔다. 그래, 그러자고 했다. 시장 길가에 두세 사람이 끼어 앉을 나무의자를 두고 가게마다 국수나 수제비, 또는 어묵들을 팔고 있는데 빈자리가 없이 앉아 먹고 있다. 집사람은 가끔 난전에서 사 먹는다고 했지만, 나는 그런 경험이 전혀 없어 서먹하다. 난전이라도 식탁이나 의자도 있고 비닐로라도 가려진 곳이 아닐까 했는데 그게 아니다. 길가 모퉁이에 둥근 플라스틱 의자가 대여섯 개 널브러져 있는데 그게 식탁이고 의자다. 2,500원짜리 국수와 김치 한 접시를 빈 의자에 놓고, 앉거나 서서 먹고는 국수 값을 내고 가면 그만이다.

물론 넥타이를 맨 사람도 없고 성장한 여인네도 없지만 남을 의식하지도 않는다. 여기에 후식이니 커피니 하는 건 아예 있지도 않고 사치일 뿐이다. 국수를 먹고 있는데 늦게 온 한 아저씨가 국수 한 그릇을 받아 들고 빈 의자를 찾다가 몸의 균형을 잃고 한 여자 분의 웃옷에 국수를 쏟아 버렸다. 그 옆에서 국수를 먹던 두세 사람이 "아이쿠!" 하며 벌떡 일어나더니 주머니에서 휴지나 손수건을 꺼내서 국수를 걷어내고 닦아 준다. 주인은 상床을 닦던 물걸레를 가져와 훔치며 마르면 괜찮을 거라며 웃어 보인다. 쏟은 사람도 멍하니 서 있고 국수 벼락을 맞은 갈색 점퍼의 여인도 선 채 아무 말이 없다. 주인 아주머니는 새로 넉넉하게 한 그릇을 말아 주면서 천천히 드시고 가란다. 그 정경이 추운 겨울을 녹이고 있다. 만일에 고급 호텔의 레스토랑에서 그런 일이 벌어졌다면 어떤 일이 일어났을까? 아무 일이 없었던 것처럼 수습이 되었을까? 비록 난전에서 국수로 점심을 때우고 있지만 인간미가 넘치는 사람들이 사는 천국이 아닐까 싶다.

한복집에서 옷을 사고 집으로 오는데 버스 정류소 옆에 막과자를 파는 점방이 있다. 사람들이 거리낌 없이 집어 먹으면서 오간다. 주인은 큰 소리로 "맛보고 가이소!" 한다. 주인은 손님이 골라 담은 과자를 받아 저울에 달아보면서 값은 말하지 않고, 덤부터 듬뿍 얹어 준다. 대형 마트나 슈퍼보다 얼마나 푸근한지 모르겠다. 밤에 심심할 때 먹으려고 막과자를 조금 샀다. 덤으로 주는 건 부드러운 과자라며 다른 봉지에 담아 준다. 배려도 있고 인심이 뚝뚝 흐른다. 서문시장에는 '또 할머니 국수집'도 있단다. 물론 테이블이라야 한두 개이지만 자리가 없어 줄을 선다고 한다. 국수 값도 2,000원을 받는다고 하던가? 할머니는 국수를 말아 주고 손님이 드시는 모습을 보고 있다가 모자란다는 느낌이 들면 손으로 사리를 덥석 집어서 얹어 주며, 늙거나 젊거나 "많이 먹어!" 하신단다. 배고픈 사람이 넉넉하게 먹으면서 위생이 어떻고, 반말이 어떻고 불평을 할까? 아마도 덤으로 배불리 먹은 사람들은 할머니의 단골이 되었으리라. 서로 어려운 사정을 알고, 인정이 넘치는 그곳에 다시 가고 싶지 않으랴!

버스를 탄다. 난전에서 국수 한 그릇을 먹고, 선한 사람들의 실수가 낳은 용서와 사랑을 보면서 그렇게 행복감을 느껴 본 적이 없다. 몇 만 원짜리 잘 차려진 뷔페보다 더 맛있게 먹었다. 이제는 가끔 길가에 서서 국화빵도 사 먹고, 붕어빵도 사서 손녀에게 갖다 주고, 김이 모락모락 나는 찐빵도 사 먹어 보련다. 그까짓 체면치레가 뭐 그리 대순가? 행복이 멀리 있지 않다는 걸 느낀 흐뭇한 오후다.

사랑의 삶

조간신문을 덮는다. 그 어린것을, 어디 때릴 곳이 있다고……. 가슴이 답답하다.

'고통, 그 인간적인 것'(송봉모 신부 저)이란 책에서 예수회의 수련원에서 있은 일을 적었다. 수련수사들이 영등포시립병원에 가서 행려병자를 돌보는데, 어느 수사님이 동상으로 두 다리가 잘리고 썩은 냄새를 풍기는 환자와 배가 하늘처럼 불러 숨도 제대로 못 쉬는 환자를 보면서 마음이 무척 아팠단다. 그날 저녁, 공동체 기도 나눔을 할 때, 그 수사님이 벌떡 일어나더니 십자가를 향해 소리를 질렀단다. "야! 십자가에만 있지 말고 내려와서 어떻게 좀 해 봐, 당신이 정말 그리스도라면!" 그러고 나서 자리에 주저앉더니 엉엉 울더란다. 인간의 능력에는 한계가 있고, 얼마나 아팠으면, 그리고 얼마나 답답했으면 그랬을까!

창세기에 하느님께서는 사람을 당신의 모습으로 남자와 여자로 창조하시고 모든 것을 보시니 참 좋았다고 하셨다. 이런 인간이 악마처럼 변하다니……. 무엇이 잘못되었을까?

지난해, 신문에 "딸이 시끄럽게 한다고 발로 20여 차례 짓밟고 주먹으로 얼굴을 때려 죽게 하더니……." "소풍을 보내 달라는 의붓딸을 무차별 구타해 갈비뼈 16개를 부러뜨리고, 욕조에 방치해 폐 파열로 숨지게 한 사건으로 각각 10년과 15년의 징역형이 선고되었다"는 기사다. 2012년 한 해의 통계를 보면 학대로 사망한 어린이는 10여 명이고, 학대 건수는 6,403건이라니……. 더구나 어린이를 학대해 죽음에까지 이르게 한 행위자의 80% 이상이 부모였고, 그중에서도 친부모에 의해 발생한 것이 80%라고 한다. 왜 이럴까?

그 어린이가 당한 두려움의 고통을 생각해 보라. 어른도 손톱 밑에 조그만 가시가 박혀도 호들갑을 떨면서 아파하는데 맞아서 장이 파열되고, 갈비뼈가 부러지는 그 고통은 어떠했을까? 계모여서, 형량이 가벼워서, 예산이 없어서, 이렇게 따져야만 할까? 처방이란 것도 무소불위의 폭군 앞에서 언제, 어떤 벼락이 떨어질지 모르는데 15일 이내에 사건을 처리하고, 삼진 아웃제를 도입하는 게 최선일까? 그 위기 상황을 해결할 방법은 없는 것일까?

'상처 주는 부모, 치유하는 부모'(스즈키 히데코 지음)에는 이런 말이 있다. "사람은 이 세상으로 올 때 자기를 낳아 줄 부모를 선택하고, 여러 가지 고통을 겪으며 성장하고, 몇 살에 이 세상에서의 삶을 끝내고 되돌아갈 것을 계획한 청사진을 가지고 온다고 하는데……." 부모가 된 자는 가볍게 생각할 일이 아니지 않은가? "자녀에게는 인간으로서의 존엄과 가치가 있습니다. / 부모에게도 인간으로서의 존엄과 가치가 있습니다. / 부모에게는 우주로부터 '점지된' 아이를 소중히 키워야 할 역할이 맡겨져 있습니다." 이 말씀을 알아듣도록 가르쳐야 한다고 했다. 가슴에 담아야 할 말이 아닌가?

좀 오래 전의 일이다. 미국에서 유학 생활을 하고 있는 맏이의 집에 갔었다. 다른 도시에 들렀다가 아파트에 들어오자 경찰이 차를 세웠다. 어린 손자를 카시트에 태우지 않고 할머니가 안고 있어서 법규를 위반하였다는 것이다. 이의가 있으면 내일 법원으로 나오라는 통지서를 주고 갔었다. 물론 적지 않은 범칙금을 물었다. 아이들을 보호하는 일이 이처럼 철저하였다. 선진국에서는 아동 학대의 범죄는 살인죄를 적용해 거의 무기징역 형을 선고한다고 한다. 어떤 대가를 치르더라도 아동 학대는 예방되어야 하고 자녀는 인간으로서의 존엄과 가치가 있음을 인식하고, 자녀의 성장을 원한다면 먼저 부모 자신부터 성장해야 함을 알도록 가르쳐야 하지 않을까?

한 송이 꽃을 피우더라도 그 꽃을 소중히 하고 그 꽃이 예쁘게 피도록 손질한다고 한다. 이름만 부모인 그 악마도 남이 보지 않는 곳에서는 무차별 폭행을 하고, 남이 볼 때에는 다정한 것처럼 시장도 함께 가고, 학교에 갈 때는 창문을 열고 손도 흔들었다니 기특하게도 정말 정신이 들 때도 있었나 보다.

'사랑'을 이렇게 설명한다. "사랑은 참고 기다립니다. / 사랑은 친절합니다. …… // 사랑은 모든 것을 덮어 주고 / 모든 것을 믿으며 / 모든 것을 바라고 / 모든 것을 견디어 냅니다. // …… // 이제 믿음과 희망과 사랑 가운데에서 으뜸은 사랑입니다."(1코린 13)

그 말대로라면 사랑하는 것은 힘들고 어려운 게 아니지 않은가? 사랑은 참고 친절하고 모든 것을 덮어 주는 게 아닌가? 그 어린것들은 죄가 무엇인지도 모르고 물들지도 않았다. 그러니 부모는 부모로서, 이웃은 이웃으로서 제자리에서 사랑의 삶을 살아야 하지 않을까? 그래서 우리 모두를 활짝 웃음 짓게 하자. 이것이 오늘을 사는 우리들에게 주어진 지상 명령이며 책무가 아닐까?

산책길에서

가벼운 옷차림으로 한두 시간 정도 소요되는 아파트 단지나 범어공원을 자주 산책한다. 이제는 시간도 넉넉한 편이지만 여러 모임에 나가는 걸 자제하고 있다. 나이 든 사람들이 젊은이들의 말을 듣고만 있어도 좋을 텐데 성급한 판단으로 한 말이 분위기를 깨는 경우를 종종 본다. 산책을 하면서 마음 공부를 연다. '있는 그대로' 보는 연습이다. 모든 일에 어떤 생각이나 판단을 담지 않고 그대로 보고 듣는 일이지만 쉽지 않다. 이는 역지사지로 세상과 사람들과 작은 자연과도 하나가 되는 길임을 생각하기 때문이다. 그렇게 보이는 것도, 그런 말을 하는 것도 다 이유가 있음에랴. 흔히 하는 말로 '지가 알면 얼마나 알까?' 비우면

비울수록 지혜로워진다고 말하지 않던가.

지금 살고 있는 아파트는 5개 단지로 한 단지에만 1,400여 세대가 살고 있다. 조경도 잘되어 있어서 철마다 아름다운 꽃들을 피운다. 이른 봄에는 벚꽃이 흐드러지게 피고 드문드문 라일락이 향기를 날린다. 매화나 살구나무는 어느새 오롱조롱 초록 열매를 달기도 하고, 어느 때는 분홍, 빨강, 흰색의 진달래가 무리지어 만개해 있다. 지금은 동백나무가 콩알만 한 꽃망울을 다닥다닥 매달고 웃을 날을 기다리고 있다. 현관문을 밀고 나서기만 해도 계절의 향기가 온몸에 감긴다.

도시의 삶은 아쉽게도 옆집을 모르고 산다. 옛날 촌에서는 멀리 출타할 때도 '집 좀 봐줘' 하면 다 알아서 문단속도 해 주고 드나들며 보살펴 준다. 그렇게 믿는 게 사람 사는 맛이 아니랴. 아파트의 같은 라인에 사는 사람들도 엘리베이터에서 만나면 눈인사도 하고 근황도 듣기도 하지만 몇 주일 보이지 않아 물어보면 이사를 갔단다. 인사라도 나누었으면 했었는데 서로가 닫고 살아가니 어쩌랴. "네 이웃을 사랑하여라." 등의 말을 떠올리면 부끄럽기까지 하다.

아파트 산책은 집을 나서서 10차로의 큰길을 따라 시내 방향으로 걷다가 다시 뒷길로 거슬러 제자리로 돌아오는 코스다. 큰길 옆 인도에는 은행나무가 두 줄로 서서 환영하듯 팔을 벌린다. 연두색의 잎이 가을을 먹고 황금색으로 단장한 그 거리를 걷는다. 하루가 달라지는 그 모습들을 새기며 문득문득 떠오르는 낱말들이 있다. '과거, 용서, 죽음, 영원한 생명…….' 숨을 크게 들이마시며 발걸음을 옮긴다. 과거는 왜 돌아보는가? 현재 또는 미래만을 바라보고 가라는 사람도 있지만 과거–현재–미래는 한 연장선상에 있지 아니한가? 과거는 '나와 나의 오늘'을 이해하고 새 삶을 꾸려 나가는 데 도움이 되어야 가치가 있다고들 한다. 그 과거를 되돌아보며, 그런 현재가 되지 않도록 노력해야 하고, 그럼으로써 밝은 미래를 설계할 수 있지 않을까? 늘 생각하는 성서 말씀이 본당 사목 방침으로 제대 옆 벽면에 게시되어 있다. "언제나 기뻐하십시오. 끊임없이 기도하십시오. 모든 일에 감사하십시오."(1테살 5,16-18) 어쩌면 과거를 돌아보게 하는 말인지도 모른다.

물리학자이며 중증 장애인인 스티븐 호킹 박사의 얘기가 떠오른다. 자서전에서 불치병이 자신의 인생에 미친 영향은 크지 않다고 했다. 여섯 번이나 죽음의 문턱을 넘나들었어도……. 하루는 연설을 마친 그에게 기자가 물었다. “병마가 당신을 영원히 휠체어에 묶어 놓았는데 운명이란 녀석이 너무 많이 빼앗아 가지 않았나요?” 하고 물었더니 그는 “내 손가락이 여전히 움직일 수 있고 두뇌로는 생각을 할 수 있어요. 나는 꿈이 있고 사랑하는 가족과 친구들이 있습니다. 아! 그리고 나는 감사할 줄 아는 마음을 가졌습니다.”라고. 나이가 들면 누구나 한두 가지 병은 달고 살아간다. 더러는 보지도 못하고, 걷지도 못하고, 먹지도 못하는……. 그런 상황과 마주해 보라. 그까짓 늙어서 찾아오는 한두 가지의 병은 친구 삼아 견딜 만한 병이 아니랴?

며칠 전, 외손자 두 놈이 다녀갔다. 늘 가슴 한구석에 자리하고 있다. 또래의 청년들을 보면 외손자를 떠올리게 한다. 맏딸은 결혼을 하고 형제를 두었다. 큰놈을 유치원에 보낼 무렵이었고 작은놈이 아주 어린 젖먹이 때 훨훨 하늘나라로 긴 여행을 떠났다. 외손자는 유치원과 초·중·고등학교와 대학을 어미 없이 외롭게 자랐다. 지금은 두 놈 다 군 복무를 마치고 형은 공무원으로, 동생은 복학하여 대학 생활을 하고 있다. 그 삶이야 말하지 않더라도 늘 비바람이, 가끔은 사나운 태풍도 몰아쳤으리라. 그래도 잘 참아 견디고 자라 주었으니 대견할 따름이다. 외할미 옆에서 하룻밤을 보내고 동산공원에 있는 엄마를 보러 간단다. 외할미는 간단한 제수를 마련해 주면서 제주는 가다가 준비하라고 이른다. 덤덤하게 말은 하지만 외할미의 가슴에는 황톳물이 폭포가 되어 쏟아 넘치리라. 먼 하늘의 뭉게구름을 본다. 사는 게 다 그러하듯이 좋은 날도 있고 슬픈 날도 있으리니 희망을 버리지 말라는 말을 들려주고 싶구나.

다윗 왕의 일화다. "아름다운 반지를 하나 만들되 전쟁에서 큰 승리를 거두었을 때 교만하지 않게 하고 큰 절망에 빠져 낙심할 때 스스로에게 용기와 희망을 줄 수 있는 글귀를 새겨 넣으라"고 했다. 솔로몬 왕에게 조언을 구했을 때 "이 또한 지나가리라."라는 구절을 말해 주었다고 한다. 주변을 산책하면서 회상되는 모든 것, 그리고 보고 듣는 모든 것, 그게 나름대로의 삶의 여적이 아니랴. '이 또한 지나가리라.' 하루하루 어떤 일에도 감사하면서 살아가는 일이 어쩌면 대속하는 길이 아닐까 한다. 이제 다 내려놓았으니 '있는 그대로' 보는 일에 더 가까이하리라. 범어공원의 소나무 숲길이 눈앞에 다가선다.

여보게, 받아들이시게!

늘 즐겁게 웃으며 이 세상을 살아갈 수 있을까? 시간이 날 때면 문득 떠오르는 생각들이다. 이 물음이 참 부담스럽다. 요즘은 70, 80대의 노인 부부가 살아가는 집들도 적지 않다. 부부가 다 건강하면 좋겠지만 만일 한 사람이라도 중환으로 투병하고 있다면 그 몫은 나머지 한 사람이 질 수밖에 없다. 며칠이 아니고 여러 달, 여러 해가 이어질 때 성인聖人이라면 몰라도 정상적인 사람이라면 처음 마음먹은 그 생활 패턴은 가끔 흔들리기 마련이 아니랴.

'불평 없이 살아 보기'(윌 보웬, 세종서적)에 이런 말이 있다. "당신 마음에 들지 않는 것이 있다면 그것을 바꾸어라. 그것을 바꿀 수 없다면 당신 마음을 바꾸어라. 불평하지 마라."(마야 안젤루) 그게 어디 쉬운 일이랴.

집사람의 투병 생활은 퍽 오래다. 그런데 시간이 지날수록 '왜 내가 이런 짐을 져야지? 뭘 잘못했을까?' 하는 생각이 들기 시작하였다. 오랜 삶 동안 가사에는 신경을 쓰지 않았고 그런대로 편하게 넘겼다. 그때는 행복하다는 말도 하지 않다가 이제 조금 힘드는 일을 당하니까 쓸데없는 푸념을 하는 건가? 참 염치없는 일이라는 생각도 든다. 아서 애시의 말을 생각한다. "내 인생에서 벌어진 좋은 일에 대해서도 '하필이면 왜 내가?'라고 말해야 한다는데 한 번도 생각해 본 일이 없지 아니한가?"

지금까지는 가정에 무관심했으니 이젠 정신 좀 차리라고 시련의 선물을 주는 것일까? 아마도 잘 모르지만 여러 번의 수술의 부작용도 없지 않으리라. 밤에도 여러 번 깨우면 잠결에 일어나 눈을 비비며 '잠 좀 자게 해 달라'고 푸념해 보지만 그건 희망 사항에 불과하다. 가끔씩 처음 해 보는 일들이 많다. 장보기도 그 중 하나다. 가급적 가까운 아파트의 구멍가게에 간다. 도매 시장에서 가져온 채소나 과일 등은 그날로 동이 나니 늘 신선해서 믿음이 간다. 오늘은 무와 미역을 사러 간다. 방법을 물어서 뭇국과 미역국을 끓이려고 한다. 이제는 목구멍이 포도청이라 체면 불구다. 가끔은 장바구니를 숨기기도 하지만 죄지은 일이 아니니 좀 당당하려고 마음을 다잡는다. 어느 글이 생각난다. "인간의 마음은 정원과 같다. 아주 조화롭게 가꿀 수도 있고, 잡초가 웃자라도록 내버려 둘 수도 있다. 거기에 유익한 씨앗을 뿌리지 않는다면 쓸데없는 잡초 씨앗이 무수히 떨어질 것이고, 그러면 그런 종류만 생겨날 것이다." 어떻게 가꿀까? 그건 각자의 몫이 아니던가?

메리엄 웹스터 사전에서는 '불평하다'를 '슬픔, 고통, 불만을 표현하다'로 정의하고 있다. 불평을 통해 다른 이들로부터 동정이나 인정 같은 특정한 대인 반응을 이끌어 내려는 의도가 숨어 있을 것으로 생각된다. 모든 일은 불평으로 해결될 일이 아니다. 병상에서 일어날 때에도 병상을 세우고 부축하지만 5분이라도 앉을 수 있으니 감사하고, 잘못한다고 잔소리를 늘어놓으면 듣기는 거북하지만 정신이라도 있으니 고마운 일이고, 어느 집이건 환자 돌보기가 다르랴마는 가까이 사는 막내아들은 입원 기간 내내 아버지가 힘들다며 간병 생활을 도맡아 하고, 일요일은 엄마의 목욕이며 청소에 몸을 사리지 않는다. 며느리는 시어머니의 병을 오래 치료해 왔고 그 진행을 잘 알고 있는 터여서 매주 맞춤 처방으로 약을 지어 오고, 퇴근 후 집으로 와 지성으로 건강을 챙기고 상태를 체크한다. 외국에 나가 있는 맏아들 내외는 매일 아침에 국제전화로 안부를 물어 온다. 대답은 늘 한가지다. 차도가 보이지 않아도 "엄마는 좋아지고 있다"고. 어찌 보면 지금까지 이렇게라도 버티어 온 건 아들과 며느리의 정성이라고 해도 틀린 말이 아니다. 일상에서 누구나 낮은 자리에서 생각해 보면 감사할 일들이 하나 둘이 아님을 느끼게 된다.

우리는 잊고 지내는 일이 많다. "누구든지 내 뒤를 따라오려면, 자신을 버리고 제 십자가를 지고 나를 따라야 한다."(마태 16,24)고 했다. 고통이 나를 덮쳐 올 때 이 말씀을 잊고 지내며 왜 불평을 늘어놓았을까? 불평한다고 해서 해결될 일이 아니지 않은가?

디트리히 본회퍼는 '저항과 수용'은 삶의 원칙 가운데 하나로 구약의 코헬렛을 주석하여 이 원칙에 대해 이렇게 설명하였다. "모든 일에는 때가 있다.(코헬 3,1) 투쟁해야만 할 때가 있는가 하면, 그 상황을 겸허히 받아들여야 할 때가 있다." 삶의 모습을 비추어 보자. 십자가의 중심에는 평화가 있다고 한다. 즉 긴장된 상태를 견디어 낼 때, 십자가를 자신의 삶에 받아들일 때, 평화로울 수 있다고 한다. 어차피 피할 수 없는 일이라면 그 십자가를 기꺼이 받아들이자. 그리고 그 안에서 주어진 평화를 누리자. 그게 바라는 일이 아니던가? 정도의 차이는 있지만 삶에는 누구나 겪는 일이 아닌가? 아파트 마당에 하야스름한 벚꽃이 활짝 피어 향내를 날린다. 꽃비를 맞는다. 이제 그 화사한 꽃이 가슴을 파고들며 웃으며 이른다. '여보게, 받아들이시게!'

주변인으로

이해 마지막 날 아침. 눈이 내려 세상을 하얗게 덮어 주고 있다. 잘못된 일은 정개定改로 보속하고, 혹 잘한 게 있다면 그 싹이라도 눈 속에서 틔워 열매를 맺게 해야 하리라. 아마도 눈은 지난해의 모든 걸 다 덮고 새로 출발하라는 말을 하고 싶은가 보다.

이래저래 연말에는 모임이 잦다. 터놓고 지내는 사람들과의 모임 말고는 가급적 자제하고 그저 지켜보는 것만으로도 충분하다는 생각을 한다. 주변이 없어서 앞자리를 차지하려는 생각은 옛날부터 갖고 있지 않다. 한 문학회는 입회한 지 20년이 넘는다. 매월 신작을 두세 편 낭독하고 돌아가면서 평을 한다. 보다 나은 작품을 쓰도록 잘된 점도 말하지만 잘 못된 부분도 지적한다. 공식 석상에서는 한 번도 어느 작품에 대하여 비평한 적이 없다. 문학 지식이 얕기도 하지만 소나기처럼 낭독하는 작품을 듣고 이러니저러니 하는 게 마음에 걸리고 흠집을 내어 상처를 입힐까 우려한 때문이다.

어느 송년회 모임에서다. 늦게 오신 몇 분이 서슴없이 윗자리에 가서 앉는다. 먼저 온 사람들의 인사에는 아랑곳하지 않지만 찾아가 인사를 하는 사람도 없다. 거기서 떠오른 생각이 주변인이란 낱말이다. 사전에는 '사회 집단에도 완전히 소속되지 못하고 다른 것으로 되지 못하는 사람'으로 풀이한다. 비슷한 말로 경계인 또는 한계인으로 말하기도 한다. 상황을 보고 있으니 문득 그런 생각이 들었을 따름이다. 어떤 모임에도 있어야 할 사람, 없어도 되는 사람이 있기 마련이 아닌가? 성경의 한 구절이다. "당신은 초대 받거든 맨 끝자리에 가서 앉으시오. 그러면 당신은 모든 이 앞에서 영광스럽게 될 것입니다. 사실 누구든지 자기를 높이는 사람은 낮추어지고 자기를 낮추는 사람은 높아질 것입니다."(루가 14,10-11)

요즘 신문에 땅콩 사건으로 '갑질' 얘기로 떠들썩하다. 사실 '-질'은 사전적 의미로 '딸꾹질이나 뭇질 같은 반복되는 행위'나 '바느질, 낚시질' 같은 직업적 의미나 나쁜 행위로 '노릇' 또는 '짓'의 뜻으로 쓰이는 고자질, 이간질, 군것질, 서방질 등도 듣기 거북한 말이기도 하다. 어쩌다 운이 따라 높은 자리에 앉아 명성을 얻었고, 배운 게 있어 교만이 넘치고 폭력을 사용하는 갑질의 자리에 옮아가게 되었을까? 우리도 모르는 사이에 몸짓으로, 눈짓으로, 손짓으로 갑질의 횡포를 부리지나 않았는지 돌아볼 일이다.

슈바이처 박사의 일화다. 노벨상을 받으러 기차를 타고 가는 길이었다. 박사는 영국 황실로부터 백작 칭호를 받은 귀족의 신분이었다. 기자들이 취재하려고 특등실로 갔더니 만나지 못하고 1등실, 2등실에도 없었다. 기자들은 포기하고 차에서 내려왔다. 한 기자가 3등실에 갔더니 박사님은 거기에서 환자를 진료하고 있었다. 기자가 물었다. "당신은 왜 특등실을 마다하고 3등 칸에 갔었나요?" "예, 이 기차는 4등실이 없어서……!" 그리고 '저의 도움이 필요한 곳을 찾아다닌다'는 말, 얼마나 가슴에 새길 일인가!

주변인은 행복하다. 언제 어디에 가도 끝자리에 앉으니 한 말씀 부탁하는 사람도 없고, 행동이 자유롭고, 드나듦에 부담이 없고 모든 걸 즐길 수 있는 특권이 부여되어 있으니 얼마나 행복한가. 자리가, 돈이, 학벌이, 얼굴이, 옷이 그 사람을 높여 주는 게 아니라던데……. 아무래도 이 세상에서 주변인의 자리는 끝자리이지만 최고의 자리인가 보다. 허, 허!

황악의 아침을 열며

우리는 살아가면서 여러 개의 모임들을 갖는다. 대개 가정이나 학교, 그리고 직장을 중심으로 하여 비슷한 사람들이 모여 모임을 만든다. 특별한 경우를 제외하고는 대부분 그 목적이나 끈끈히 묶인 끈에 따라서 그 모임의 활력이 다르지만 아무튼 친교의 성격이 짙은 건 사실이다.

내게도 40여 년간 지속되어 온 특별한 모임이 있다. 초등학교 동기생들이 일 년에 한두 번 모임을 가진다. 금년에는 전국에 흩어져 있는 친구들을 생각하여 교통이 편리한 김천 직지사에서 모이기로 연락이 왔다. 한마을에서 자란 코흘리개 적 친구여서 서로를 너무나 잘 아는 허물없는 사이이다. 지금은 다 직장을 그만

두었지만 그가 사장이었건, 학장이었건, 교장이었건 상관하지 않는다. 호칭도 다른 사람이 있건 없건 그냥 이름을 부른다. 그게 그냥 좋다.

황악산 기슭에 있는 직지사는 묵호자가 창건 후 여러 차례 중수하였고, 지금은 대웅전과 천불전 등과 보물 석조 여래 좌상이 보존된 국내 사찰 가운데 가장 오래된 절의 하나라고 한다. 절의 앉음새와 풍광이 어머니의 품처럼 아늑하여 그저 머물고 싶다는 생각이 든다. 그래서 사람들은 속세를 벗어나고자 하는 유혹을 받나 보다.

일주문 앞에 조성된 직지문화공원에는 벌써 어둠이 젖어 든다. 음악 조형 분수 곁에서 음악에 맞춰 연출되는 웅장한 사운드와 화려한 분수 쇼의 연출을 구경하면서 이 좋은 자연환경을 두고도 인공의 공원 조성이 필요한 것인지 의문이 간다. 밤에는 각자의 취향대로 노래방이나 맥주집에 가거나 연속극을 보거나 끼리끼리 모여서 시간을 보낸다. 옛날이나 지금이나 거의 변화가 없는 친구들이다.

요즈음은 그것도 나이라고 잠자리를 바꾸면 제대로 잠을 이루지 못한다. 너무 일찍 잠에서 깨어나는 것도 고역 중의 하나다.

훤하게 아침이 열릴 때까지 기다렸다가 늘 하는 버릇대로 아침 산책을 나섰다. 개울에서는 맑디맑은 물이 고운 소리를 내며 흐르고 마사토나 블록으로 조성된 산책로가 잘 정리되어 있으나 짙은 안개로 시야를 가리고 있다. 직지사도, 황악산도 안개에 묻혀 버렸다. 산하도 가끔씩 안개나 구름으로 가려 주면서 쉬게 하나 보다.

한참을 걸어 올라갔다. 눈앞에 높이와 폭이 20m에 이르는 폭포가 길을 막아선다. 산기슭 그대로도 좋은데 여기에 폭포를 만들고 연못이 만들어졌다. 더 좋은 것을 위한 인간의 욕심은 끝이 없나 보다. 물이 너무나 맑아 손을 담갔다. 참 시원하다. 국내외 조각가들의 전시 작품을 본다. 감상 능력이 모자라긴 하지만…….

이 문화공원에는 교목, 관목, 야생화 등 20여만 그루가 심겨져 계절마다 아름다운 꽃을 피운다. 그리고 아파트 7층 높이의 대형 장승도 눈길을 사로잡는다.

짙은 안개에 옷을 적시며 공원 곳곳을 산책하는 것도 보통의 행운이 아니다. 아마도 직지사의 명성과 더불어 원형 음악 분수의 분수 쇼나 누각 아래에 설치된 2단 폭포, 대형 장승 등은 또 하나의 관광 명물로 자리 잡아도 손색이 없을 것 같다.

안개가 걷히고 산들이 그 모습을 드러낸다. 시간을 잊어버린 듯하다. 문화공원의 어우러짐이 너무나 환상적이다. 비록 긴 시간이 아니어도 일상에서 벗어나는 것만으로도 좋다. 그리고 아침 일찍 일어나 물과 풀과 나무와 돌과 그리고 산과 하늘의 얘기들을 듣는 것도 새날을 준비하는 일이 아닐까.

짙은 안개는 “미움은 싸움을 일으키지만 사랑은 모든 허물을 덮어 준다.”고 속삭인다. 설사 마음에 차지 않더라도 묻어 주고 덮어 주자. 그리고 하루하루 어렵더라도 온 마음을 담아 하루를 열자.

효孝, 그건 삶이다

한 달에 두 번씩 가까운 산을 오르는 친구들의 산행 모임이 있다. 산은 건강상의 이유로 두세 사람만이 오르고 점심시간에는 대여섯 사람이 모인다. 모두 교직에서 정년퇴임을 한 사람들이고 이것도 좋고 저것도 좋은 둥글둥글하게 살아가는 사람들이어서 부담스럽지 않다. 자기주장을 내세우지도 않고 회장의 결정에 따라 형편에 맞게 순응을 한다고 하면 그 분위기가 이해가 될까? 다 여든을 넘긴 나이고 사모님의 건강상의 문제로 밥도 하고 반찬도 하고 설거지도 한다. 거의 전업주부 정도라고 하면 너무 높게 평가한 걸까? 늘 그렇게 자기의 처지를 수용하면서 살아간다. 산을 오르면서 이 나이에 이렇게라도 산을 오를 수 있다는 게 참으로 고마운 일이라며 살아가는 사람들이다.

어느 날 점심을 먹으면서 연장이신 분이 사모님이 입원하고 있는 병실에서 일어난 얘기를 들려준다. 그 병실에는 여러분이 입원하고 있는데 가끔 자녀들이 문안을 온단다. 대부분의 환자들은 봉사자나 간병인의 도움을 받아서 생활하지만 아무리 잘해준다고 해도 자기 손으로 하는 것만 같지 않으리라. 대부분의 환자들은 연세가 높기도 하지만 치매를 앓고 있는 분이 많다고 한다. 그 병의 특징은 기억을 상실해 버린다는데……. 가족을 못 알아보는 건 차치하더라도 자식도 못 알아본다니 이런 딱한 일들이 어디 있으랴.

한 아들이 엄마를 찾아왔다. 아들이 엄마를 보고 하는 말이 "엄마, 전화 좀 하지 말아요? 나도 무척 바쁘거든요." 자기가 하든, 누구를 시켜서 하든, 아직은 기억이 살아 있다는 증거이니 그건 참 좋은 일이 아닐까 싶다. 그러고는 병실의 이곳저곳을 살피더니 슬그머니 나가 버리더란다. 이왕 병실까지 왔다면 엄마의 현재의 상황이나 경과도 물어보고, 불편한 곳이 없는지도 살피고, 봉사자나 간병사에게 고마운 말이라도 전했으면 얼마나 좋았으랴.

한 아들은 치매에 걸린 엄마에게 와서 저가 누구인지를 물었다. 엄마는 멀뚱하게 쳐다보면서 고개를 저었다. 아들은 엄마의 두 손을 잡고서는 자기의 볼에다가 한참이나 비비댔다. 그러자 엄마는 "너 막내지……." 하고 말하더란다. 아마도 옛날의 기억이 돌아왔으리라. 막내는 엄마를 끌어안고는 눈물을 펑펑 쏟으며 서럽게 울더란다. 병실은 울음바다가 되었지만 이 또한 사람이 살아가는 정겨운 풍경이 아니랴?

효孝를 생각한다. 이 글자는 늙을로老 밑에 아들자子를 받쳐 만든 글자로 그 획을 줄여서 만든 글자라고 한다. 그러니까 아들이 노인을 업고 있는 모양으로 부모를 섬긴다는 뜻이라고 한다. 효를 '두산백과'는 "부모에 대한 공경을 바탕으로 한 자녀의 행위" 그리고 '한국민족문화대백과'에는 "자녀가 부모에게 경애의 감정에 토대를 두고 행하는 행위"로 풀이하였다. '소학小學'에는 "나무가 고요하고자 하나 바람이 그치지 아니하고(樹欲靜而風不止) 자식이 봉양하고자 하나 부모님은 기다리지 아니한다(子欲養而親不待)" 하였다. 참 많이 들어 온 말이지만 이제야 알 듯하다. 같은 책에서 효를 이렇게 설명하고 있다. "효자가 늙으신 부모님을 봉양함에는(孝子之養老也) 그 마음을 즐겁게 하고(樂其心) 그 뜻을 어기지 아니한다(不違其志).” 이렇게 보면 효라는 것도 크게 어려운 일이 아닌데도 실천하기에는 그렇게 힘이 드는 것일까?

‘자전거 좀 빌려 주세요’(이영미의 글, 좋은생각, 2016. 1)를 읽고 눈물이 핑 돈다. “어머니는 교통사고로 자전거로 출퇴근을 한다. 아들도 고등학생이 된 후 자전거로 통학을 한다. 어느 날 어머니는 퇴근길에 체인이 빠져 손에 검은 기름을 잔뜩 묻힌 채 자전거를 들다시피 해 집으로 돌아왔다. 아들은 체인을 다시 연결하고, 기름칠도 해 주며 시운전까지 했다. 그 후 아들은 매달 용돈 타는 날 엄마 자전거를 빌려 간다. 그런데 신기하게도 아들이 자전거를 타고 난 뒤에는 훨씬 부드럽게 잘 나갔다. 그런데 어느 날 엄마가 자전거 수리를 맡겼는데 주인이 ‘이 자전거, 학생이 매달 가져오는 건데’라고 말했다. ‘아, 어머니시구나. 아들이 사고 나면 안 된다고 매달 점검해 달라고 와요. 참 든든한 아들을 두셨네요.’ 그것도 눈치 채지 못한 엄마는 왈칵 눈물을 쏟았다.”

그리고 또 하나, ‘엄마의 안녕’(김정숙, 가톨릭문학 26집)이라는 글이다. “엄마는 척추가 내려앉아서 잘 걷지를 못하셨다. 그래서 나는 엄마가 전화를 받으려고 서두르시다가 넘어지실까 봐 일단 전화벨을 몇 번 울리고 끊었다가 다시 하는 편이었다. 그러면 그 사이에 엄마가 내게 전화를 거시곤 하셨다." 엄마에 대한 배려를 새기며 가슴이 젖어 온다.

물론 세월이 달라지긴 하였지만 옛날에는 이웃도 있었고 어른도 있었다. 이웃에게 알려질까 봐 또 어른들께 꾸중을 들을까 봐 모든 일에 조심을 한 것도 사실이다. 지금은 모두들 겁나는 게 없으니 참 걱정이 아닐 수 없다. 요즘은 부모들이 아이들의 비위를 맞추기 위하여 온갖 노력을 하고 있음을 보지 아니하는가? 그것뿐인가? 자식이 부모를 버리고, 학대하고, 그것도 모자라 폭행을 하고……. 이 세상이 어떻게 되려고 이러는가?

'논어'에서 "효도와 우애는 사람 구실을 하는 근본"이라 하지 않았던가? 그리고 제 아내와 자식을 사랑하는 마음으로 그 부모를 섬긴다면 그보다 더한 효도가 없다고 하였으니 효孝, 그건 바로 삶이 아닌가?

4
여러분도 행복하세요

행복은 버리고, 내려놓고, 포기함으로써
얻어진다고 하지 않았던가? 역시 행복은 어떤 처지에서든
자기가 만들어 가는 것이리라.

여러분도 행복하세요

요한 바오로 2세 교황님께서 임종 시에 “나는 행복합니다. 여러분도 행복하세요.”라는 말씀을 남기셨다. 이 말은 누구에게나 희망을 주는 격려의 말이 아닐까 한다. 만일 누가 나에게 ‘당신은 행복합니까?’라고 물으면 나는 ‘그렇다.’라고 대답하리라. 나는 유명인도 아니고 재벌도 아니지만 그 나름대로 건강하고, 입고, 먹고, 잘 곳이 있으니 감사한 일이 아니랴? 행복이라는 것도 사람에 따라서, 그 수준에 따라서 다르지 않나 싶다. 똑같은 밥 한 그릇을 두고도 밥을 먹을 수 있어서 행복하다고 느끼는 사람이 있는가 하면 진수성찬이 아니어서 불만을 나타내는 사람도 있지 않을까? 사실 어떻게 보면 행복하다고 해서 그걸 빼앗아 가는 사람도 없지만 불행하다고 징징거려도 누구 하나 도와주는 것도 아니지 않은가? 그로 인해 행복한 사람은 더 행복해지고 불행한 사람은 더 짙은 불행을 맛보지 않을까 싶다. 아리스토텔레스는 행복은 누구나 원하지만 모든 사람의 주관적인 판단이며 같은 내용이라도 시간과 장소에 따라 달라질 수 있다고 말하지 않았던가!

오늘은 두 번째 수요일, '작은 모임'에서 산행을 계획한 날이다. 이 모임은 다섯 사람의 선후배 모임으로 한 달에 한 번 산행을 한다. 다 교직에 몸담았고 전문직을 거쳤지만 주관이 강하여 자기의 판단으로 바르지 않다고 생각되면 절대로 타협이 안 되는 친구들이다. 어찌 보면 외골수이고 꽉 막힌 사람들로 보이지만, 하는 일에는 매우 성실하고 능력을 인정받는 분들이다. 모임의 날짜나 장소에 관해서도 한 사람이 의견을 내면 모두가 그대로 수용을 해 버리니 불협화음이 없다. 산행이라야 대도시 근교 야산에 한 시간 정도 걷는 일인데 오늘은 앞산 자드락길을 걷기로 했다.

모임 장소까지는 버스를 타고 가서 다시 지하철을 타야 한다. 지하철역 가까이에서 어떤 여자 분이 반가운 얼굴로 웃으며 인사를 하는데 어디서 많이 뵌 듯한데 기억을 더듬어 보지만 떠오르지 않는다. 평소에도 길눈은 어둡다는 걸 알지만 사람을 기억하는 일도 신경을 쓰지 않으니 가끔은 오해를 사는 경우도 있다. 단순하게 살아가려는 마음에서 대인 관계도 덤덤히 지낸다.

요한 바오로 2세 교황님을 생각하면 떠오르는 생각들이 있다. 재위 기간 중 100회가 넘는 해외 사목 활동을 폈고 라틴 어를 비롯한 10개국의 언어에 능통하고, '3천년을 맞는 칙서'에서 종교의 이름으로 저지른 불관용과 전체주의 정권에 의한 인간 기본권의 유린을 묵인한 것은 잘못임을 인정하였다. 그리고 임종 전 15년간 파킨슨병을 앓았음에도 그 고통을 참으며 사목 활동을 펴신 분이다. 이러하신 분이 임종 전에 "나는 행복합니다."라고 하셨으니 참으로 상상을 뛰어넘는 분이란 생각이 든다. 그런데 베드로 광장에 모인 군중들이 교황의 쾌유를 기원하는 기도 중에 선종 소식을 듣고는 박수갈채를 보냈다는 소식이다. 이는 고인에게 존경을 표시하는 이탈리아 식 추모 방식이라고는 하나 우리의 풍습으로서는 이해가 어렵지 아니한가? 죽음을 보고 박수갈채라니 우리의 예법으로는 상상이라도 할 수 있겠는가?

우산 장수와 짚신 장수의 어머니의 이야기가 있다. 비가 오면 큰아들의 우산이 잘 팔린다고 기뻐하고 날이 좋으면 작은아들의 짚신이 불티나게 팔린다고 좋아하시는 어머니와 그 반대로 비가 오면 작은아들의 짚신이 안 팔리고 날이 좋으면 큰아들의 우산이 안 팔린다고 걱정하는 어머니와는 어떤 삶의 차이가 있을까? 늘 기쁨에 넘치는 어머니와 늘 울상인 어머니의 삶을 생각해 보자. 어떤 삶이 더 바람직할까?

어느 글에 "행복은 감사하는 문으로 들어와서 불평하는 문으로 나간다."고 하였다. 그리고 좌전左傳에는 "화복은 출입하는 문이 없다(禍福無門). 오직 사람들이 불러들이는 바에 따라 출입한다(唯人所召)." 하지 않았던가?

나이가 들면 젊었을 때와는 달리 한두 가지 병은 달고 다니기 마련이지 않는가? 한창 젊을 때와 같지 않다고 푸념을 하는 것은 과욕이란 생각이 든다. 생각할 수 있고, 말할 수 있고, 또 걸을 수 있으니 이 얼마나 큰 은총인가! 행복은 버리고, 내려놓고, 포기함으로써 얻어진다고 하지 않았던가? 역시 행복은 어떤 처지에서든 자기가 만들어 가는 것이리라.

'여러분도 행복하십시오!'

범어공원을 걸으며

범어공원에 오른다. 대도시의 한복판에 이런 근린공원이 자리하고 있다는 건 여러모로 큰 행운이다. 이 공원 산자락에는 국립대구박물관과 어린이대공원, 그리고 수성구민운동장 등이 자리하고 있는 야산이다. 건강상의 이유도 있지만 가끔 마음자리가 어지러울 때 이 공원을 오른다. 크게 숨이라도 내뱉고 응어리를 훌훌 털어 버리고 싶어서다.

요즘 TV나 신문을 보기가 두렵다. 세상이 어떻게 이 지경이 되었나 싶다. 사회 지도층이라는 사람이 자식을 때려죽이고는 얼굴을 가리고 고개를 숙인 채 현장 검증에 끌려다니고, 또 산에서 첫 번째 만났다는 이유로 칼을 휘두르고……. 되뇌기 싫은 얘기들이다. 어디서나 서로 안심하고 웃으면서 살아가는 방법은 없을까?

산길의 하늘은 녹색으로 덮여 있다. 큰 굴참나무와 아카시아 나무와 소나무가 어울려 자라고 그 아래 한 키 정도의 나무들도 빽빽이 서 있고, 땅에 붙어서 자라는 풀들도 있다. 그런데도 바람이 불면 같이 일렁이고, 가을이 오면 같이 단풍이 들고, 겨울에도 같이 그 잎을 떨군다. 나무들도 서로 얼굴을 내밀며 '네 탓이오…….' 하면서 서로 다툴까? 어느 날, 산에 내걸린 현수막에 "야호! 하지 마세요. 산 친구들이 놀라요."를 보면서 동물 사랑도 좋지만 먼저 인간들이 '서로 인사라도 하며 삽시다.'라는 말이 더 급한 게 아닐까?

세상에서 죄를 짓지 않고 살아가는 사람은 아무도 없으리라. 사실 죄라는 것도 종교적으로 따지면 사람을 해치는 것만이 아니라 미워하는 것, 성을 내는 것, 절제를 하지 못하는 것, 과식하는 것, 거짓말을 하는 것 등도 그 범주에 들어가니 과연 자유로울 수 있는 사람은 몇이나 될까? 사실 10계명誡命 중 네 번째 계명인 "부모를 공경하라."는 것도 부모를 공경하고 섬기며 복종하고 사랑할 뿐더러 소중하게 여기라는 것이지만 그 깊은 뜻은 "자식들이 부모를 공경하고 존중할 수 있도록 처신하라."는 가르침이니 새겨들어야 한다. 우리는 성인聖人이 아니기에 크고 작은 잘못이 많았으리라. 그중에서도 대죄大罪가 왜 없었으랴. 그래서 하느님은 사람들이 고해성사를 통해 '용서'를 받고 새 삶을 살도록 배려한 것이 아닐까?

본당에서 성지 순례를 떠났다. 버스 10대가 움직였으니 대집단이다. 4월 중순인데도 날씨가 변덕을 부린다. 성지에서 미사를 봉헌하고 점심시간에 버스를 타고 식당으로 갔다. 크지 않은 간이식당인 것 같은데……. 버스에서 내린 400여 명이 줄을 선다. 그때 기온이 갑자기 떨어지면서 겨울 같은 찬바람이 골짜기로 세차게 몰아쳤다. 버스에서 기다렸다가 시간에 맞춰 나가도록 안내가 되었으면 좋았을 텐데……. 그때 노인 몇 분이 덜덜 떨고 있는 걸 보신 수녀님은 먼저 식당 안으로 모시려는 생각을 했었나 보다. 그런데 먼저 줄을 서 있던 40대 후반쯤의 젊은이가 불만스런 말을 내뱉더니 긴 간이 의자를 발로 세차게 두 번이나 걷어차면서 길을 막았다. 아마도 다 나름대로 타당한 이유가 있었을 테지만……. 수녀님의 호의에 따라나섰던 노인들도 당황스런 모습이었고, 사전에 양해를 구하는 절차가 아쉬웠다는 생각이 들기는 하지만……. 훗날 어느 분이 그때의 일을 떠올리며

"부끄러웠다."고 그 심정을 토로하는 걸 들었다. 신앙 공동체에서는 서로가 형제자매라고 부르는데 그 일이 이해가 안 되는 일이었을까?

요즘 버스를 타 보면 나이 든 사람이 자리를 양보하는 모습은 가끔 볼 수 있지만 경로석에 앉은 젊은이가 자리를 선뜻 비켜 주는 일은 보기 드물다. 한 어르신이 길에서 담배를 피우는 학생을 보고 훈계했더니 인상을 쓰면서 "당신이 사 준 담배요?" 하더란다. 어쩌면 감추는 시늉만 보여도 좋았을 텐데……. 사람들은 요즈음 예절이나 인성 교육이 필요하다고 걱정들을 한다. 그 원인遠因으로 우리 어른들이 모범을 보여 주지 못하니 그들을 탓하기 전에 자성하라는 소리로 들린다.

따뜻한 얘기를 듣고 싶다. 오 헨리의 '마지막 잎새'를 떠올린다. 폐렴에 걸린 화가 지망생 소녀가 창밖의 담쟁이 잎을 바라보며, 그 잎이 떨어지면 자신도 죽을 것이란 절망 속에서 살아간다. 어느 날 밤, 폭풍우가 몰아치는데 베어먼 할아버지는 담벼락에 올라 나뭇잎 한 장을 그려 놓고는 생을 마감한다. 폭우가 그치고 커튼을 연 소녀는 마지막 잎새를 발견하고는 새로운 인생의 소망을 가진다.

지금 우리는 지식만으로, 돈만으로, 권력이나 말잔치만으로 풍성한 척 살아가고 있는데 가장 중요한 것을 잊고 있지는 않은가?

각자가 자리한 곳에서 나름대로 최선의 처방전을 낼 수 있으리라. 가정을 본래의 모습으로 돌리자. 사회 정의를 실천하자. 교육을 바로 세우자. 자기의 본분을 다하자. 모두가 정답을 가지고 있지 않을까? 물론 어렵지만 나부터 모든 일에 '내 탓이오' 하면서 가슴을 치면서 시작해 보자. 아마 세상은 알게 모르게 큰 화해와 용서의 불꽃으로 활활 타오르리라. 범어공원에 시원한 바람이 땀을 훔친다. 흩어졌던 구름이 한데 모이고 푸른 파도가 일고 그 물결 위에 평화가 일렁인다. 범어공원의 오후, 아! 그래도 좋은 날이지 않은가?

가장 아름다운 말

세월은 소리 없이 스쳐 지나간다.

새해가 열리는 시각, 보신각에서는 이 해의 마지막 날에 다시 만날 기쁨을 노래한 '석별의 정'이 은은하게 들려온다. "오랫동안 사귀었던 정든 내 친구야, … 다시 만날 그날 위해 노래 부르자." 그때 카운트다운이 시작되고, '나눔과 희망'의 종소리가 퍼지며 새날이 열린다. 한 해 동안 자신을 돌아보면 뚜렷이 해 놓은 일이 없으니 추수할 것도 없고 그저 흘려보낸 것이리라. 그런데 여기 모인 많은 사람들은 나름대로의 소망이 있으리라.

근년에 들어서 인간이 참으로 나약한 존재임을 깊이 생각하게 된다. 어떤 계획을 하고 노력을 한다고 해서 다 이루어지는 것도 아니지만, 인간의 힘으로만 이룰 수 있는 일이 과연 무엇이 있을까? 그저 최선을 다하는 길밖에는 없다고 처방을 한다. 우리는 가끔 작은 상처로 힘들어할 때가 있다. 어쩌다 육체적으로 입은 상처는 현대 의술로 흔적 없이 낫게 할 수가 있지만 한 치의 혀가 내뱉은 말 때문에 원수처럼 지내는 일도 적지 않다. '혀는 날카로운 칼날과 같아서 피를 흘리지 않고도 사람을 죽일 수 있다'는 속담도 있지 않은가?

어떤 일에 입만 다물고 듣고만 있어도 순리대로 흘러갈 것을 입빠르게 '그건 참 바보짓이야!' 하면서 용기를 주는 말들은 다 제쳐 놓고 빈정대며 마구 흔들어 버리면 어떻게 될까? 실은 이 세상에서 상처를 받거나 주지도 않고 살아가는 사람은 아무도 없을 테지만 어떤 이는 상처의 매듭을 풀지도 못하고 무덤까지 끌고 가지 않던가? 우리는 가깝고 믿었던 사람에게서 상처를 가장 많이 받는다고 한다. 어떤 이유에서든 얼굴색을 바꾸면 세상을 살아가는 데 얼마나 도움이 되는지는 몰라도 사정이 달라졌다면 이해를 구해야 한다. 거짓된 혀는 한 순간뿐이라지만 상처는 더 깊게 패고 만다.

우리가 남을 용서하고 사랑할 줄 모르는 것은 우리 자신이 용서를 받아야 한다는 걸 깨닫지 못하기 때문이란다. 자신이 늘 용서를 받아야 한다는 생각을 가진 사람일수록 남을 용서할 줄 안다고 한다. 더구나 남에게 상처를 주고 아프게 한 사람들은 자기의 잘못을 까맣게 잊고 거들먹거리며 편히 살아가고 있는데 오히려 상처를 받은 사람이 더 힘들어하고 있으니 분명 잘못된 일이 아닌가?

우리는 위대한 성인들을 공경한다. 어려움을 딛고서도 흠 없이 이 세상을 살아왔다는 선입견을 갖고 있다. 그러나 그분들의 행적을 보면 잘못을 저지르고 그 잘못을 바로잡느냐 아니냐에 달려 있는 것 같다. 다윗 왕은 간음과 살인죄를 저질렀고, 예수의 수제자 베드로는 스승을 3번이나 모른다고 배반하였고, 막달라 마리아는 창녀였으며, 바오로는 그리스도인을 박해한 사람이었다. 그러나 모두가 회개하고 하느님의 용서를 받고, 동시에 자기 자신을 용서하고 새롭게 태어나 성인이 된 분들이다.

김 추기경님의 남긴 말씀과 추모사를 떠올린다. 그분은 인간을 사랑하신 분이다. 선종하시면서 "많은 사랑을 받고 기도한 모든 분들에게 감사 드리며 누군가의 마음을 상하게 한 일이 있다면 용서해 주십시오."라고 하셨다. 이 말은 잔잔한 흔들림으로 저절로 고개가 숙여진다. 어느 주교님이 추모의 글 중에서 추기경님이 투병하시는 모습을 보며 한 말씀이다. "우리 추기경님! 무슨 보속할 일이 그리도 많아서 이렇게 길게 고난을 맛보게 하십니까? 추기경님을 이 정도로 족치신다면 저희 같은 범인은 얼마나 호되게 다루시려는 것입니까? 겁나고 무섭습니다. 이어서 '이제는 내 사랑하는 바보야! 그만하면 이제 다 이루었다.'고 위로하실 것이라 했습니다. 그래도 한 줄기 위안을 받습니다."

우리는 이 세상에 살면서 알게 모르게 남에게 상처를 주었고, 더 크고 깊은 상처를 입히고도 알고도 모르는 척하거나, 정말 모르고 지내고 있는지도 모른다. 그렇다면 억울하다고 하소연할 필요도 없지 않은가? 그게 다 '네 탓이오.'가 아닌 '내 탓이오.'라고 생각하면 말이다. 그리고 힘이 좀 들더라도 이 말을 새겨 보자. 이 세상에서 가장 아름다운 말 '용서'라는 낱말을!

요한 바오로 Ⅱ세 교황님은 저격을 받고 상처를 입힌 사람을 감옥에까지 찾아가서 용서하셨다. 그런데 우리는 정말 아무것도 아닌 조그만 상처로 아파하지 말고 어설프지만 성자처럼 양팔을 벌려 다가가 껴안아 주자. 그리고 그 까짓것 '손해를 본다'는 생각으로 용서해 버리자. 그러면 온 세상은 웃음꽃이 피고 우리 안에 평화가 자리하리라.

망각忘却의 은총

'인간은 누구도 완전完全하지 않다.'는 말은 참으로 위로가 되는 말이다. 이 한마디는 사람들을 다시 일어설 수 있게 용기를 준다. 그리고 어떤 사실을 잊어버림은 곧 하늘이 내린 큰 은총이 아니랴. 사람들은 삶을 이어 가면서 의식을 하든 아니 하든 크거나 작거나 잘못을 범하기 마련이다. 그리고 인간에게는 지난 일을 돌아볼 수 있는 지혜가 있기에 잘못된 일들은 다시 되풀이하지 않으려고 애쓰지 않는가?

몸과 마음을 깨끗하게 해 주는 의식이 있다. 그건 치유의 성사인 고해성사이다. 대부분의 신앙인은 이 성사를 부담스러워한다. 물론 지은 죄를 고백하고 용서를 받는다고는 하지만 자기의 은밀한 치부를 드러내 보이는 일이 어디 쉬우랴. 사실 이 성사를 보고 나면 무거운 짐을 내려놓은 듯 마음의 평화를 느끼는 사람들도 적지 아니하리라. 사람들이 잘못에 대한 용서를 받고 흠 없이 살아간다는 일은 축복이 아닐 수 없다.

일찍 직장 생활을 하면서 중요한 것을 잊고 있었다. 밖으로 나돌며 소화도 못 시키는 술을 퍼마시며 친구들과 어울려 다녔다. 처음엔 한두 잔으로 시작해서 거나해지면 술이 술을 먹고 나중에는 술이 사람을 먹어 치웠다. 길은 벗어나고 발은 헛디뎌 넘어지고, 후회를 한들 이미 엎질러진 물이다. 어떤 경우든 절제하고, 단주를 실천하는 분들을 보면 존경스럽다. 아무래도 그런 상황은 두 번 다시 반추할 일이 아니다. 그 시절은 월급도 쥐꼬리만 했었고, 어려운 살림에 아이들의 뒷바라지도 맡아야 했으니 그 부담이 집사람에겐 무척 컸으리라. 늦게야 들은 이야기이지만 그때의 일을 소설로 쓰면 몇 권은 될 거라고도 했다. 부끄러운 일이지만 철이 드는지 정년을 맞고 보속의 뜻으로 이제는 혼자 있을 때 가끔 밥도 짓고 설거지도 하며 웃기며 산다.

만일 하느님께서 지금까지의 삶을 차례로 보여 주신다면 몇 점이나 받을 수 있을까? 얼굴이 붉게 물들어 온다. 우리는 용서를 통해서 새 힘을 얻는다고 한다. 만일 저지른 잘못에만 매여 있다면 아마도 한 발짝도 나아가지 못하리라. 성 아우구스띠노도 방탕한 삶에서 돌아섰고, 성 바오로도 기독교인을 박해하던 삶에서 돌아서 이방인들에게 복음을 전파하였다. 어둠을 딛고 일어나 빛을 사신 분들이다.

에빙하우스의 망각 곡선에 따르면 "학습 후 10분 후부터 망각이 시작되고 한 시간 뒤에는 50%, 하루 뒤에는 70%, 한 달 뒤에는 80%를 망각하게 된다."고 한다. 그러면 하루가 지나면 열(10) 중에 일곱은 잊어버리는 게 아닌가? 어쩌면 이렇게 잊고 있기 때문에 살아갈 수 있지 않을까 싶다. 수십 년 전의 일을 하나도 빼놓지 않고 다 기억을 하고 있다면 우리는 그 엄청난 정보들로 인해 어떤 고통을 겪을지도 모른다.

어쩌다 서운했던 옛날얘기를 귀 너머라도 듣는 날이면 그 천재적인 기억력에 대한 경탄보다는 오히려 두렵다는 생각이 든다. 기쁨보다 슬픈 그 기억을 되살리는 일은 불행不幸을 불러온다는 생각이 더 짙게 깔리기 때문이다. 그저 평범한 사람으로 살면서 좋은 기억만 떠올릴 수 있다면 얼마나 좋을까! 잘못한 일, 서운했던 일에 대한 잊음, 이는 우리의 새 삶을 위한 얼마나 큰 은총인가! 망각에 기대지 않아도 좋을, 언제나 흠 없고 기쁨의 삶이기를 소망하는데 어디 그게 쉬운 일이랴.

화해의 바다로

여행은 언제나 설레는 마음으로 떠난다. 본당 30년사 발간을 위해 3년 동안 숱한 어려움을 극복하면서 같이 일해 온 친구들이 하루의 여행을 떠나자는 연락이 왔다. 모든 일이 그렇긴 하지만 일이 마무리되고 나면 다 수월하게 잘된 것 같다는 평가를 내리지만, 그 과정에서는 손을 털고 싶을 때가 한두 번이 아니었을 게다. 서로 이해하고 인내한 덕으로 햇빛을 보게 된 터라 가벼운 마음으로 동의하였다. 차에 올라타고 목적지를 정한다. 몇 군데를 떠올렸으나 거제도로 정했다. 어디면 어떠랴. 한 번이라도 다녀온 곳이면 그때의 여운을 떠올릴 수 있어서 좋고, 새로운 곳이면 신선함이 있어서 기대를 가진다.

평일이어서 구마고속도로가 확 뚫려 시원스레 달린다. 칠서 톨게이트에서 내려 마산을 거쳐 통영을 지나 거제대교를 건넌다. 섬이라고는 하나 생활 모습이 뭍과 다름이 없다. 해안 도로에서 손에 잡힐 듯 불쑥 솟아오른 크고 작은 섬, 소금물에 씻기어 빛바랜 희맑은 바위들, 그 틈새를 비집고 뿌리내린 소나무들, 그들도 하늘과 바다의 색깔에 물들어 있었다.

수년 전 한려수도에서 유람선을 따라 갈매기가 줄지어 날던 모습이 어린다. 그리고 사람들은 우뚝 솟은 바위에다 선녀나 촛대, 사자, 그리고 두꺼비 등등의 이름을 붙여 두고 이야기를 만들고 있었다. 바다 가운데 떠 있는 섬들이 한눈에 보이는 호텔에 여장을 풀었다. 이제 곧 어둠이 몰려와서 그 전경을 조망할 수 없음에도 바다에 젖고 싶은 희망을 버리지 못하는가 보다.

이심전심이랄까. 횟집으로 발걸음이 옮겨지고 한 잔 또 한 잔으로 거나해진다. 어렵고 힘들었던 일들을 쏟아 놓아도 그저 하나같이 웃고 만다. 마음이 갈라져 서로 오해하거나 멀어진 이들이 서로 일치하는 것이 화해의 사전적 의미이다. 세상을 살아가면서 결코 피해 갈 수 없는 일들이 있다. 사랑하는 것, 미워하는 것, 용서하는 것, 화해하는 것들일 수 있다. 어떤 일에 최선을 다

하고도 오해를 사서 상처를 받아 본 사람이면 그것이 큰일이건, 작은 일이건 허탈해한 적이 있으리라. 화해와 용서는 자신의 한계와 나약함을 받아들이는 데에서부터 시작된다고 한다. 누구도 완전한 인간일 수 없듯이 역지사지로 화해를 통해 서로가 마음을 쏟아 하나로 만들고 사랑의 삶 안으로 정착시키려고 노력들을 한다.

잔잔한 바다를 보고 있으면 화해의 장을 생각하게 한다. 바다는 모든 걸 받아들이고 어떤 것이라도 거부하지 아니한다. 그러나 가끔 거센 파도를 일으켜 분노를 나타내기도 하지만 얼마 가지 않아 평온함을 보인다. 아무 조건 없이 다시 어울리는 그 지혜가 참으로 위대한 모범이 아니랴. 바다가 손짓을 한다. 파도가 철썩이며 연신 흰 거품을 몰고 오고, 어둠이 바다를 덮어 섬도, 산도 그 형체가 서서히 사라지고 있다. 아침을 열면서 긴 몽돌 해변을 걸었다. 얼마나 오랜 시간을 버티다가 주먹만 한 돌들이 닳아져 동글동글한 밤톨 모양으로 다시 태어났을까. 파도가 쓸고 가면서 몽돌들은 서로 어울려 화음을 내면서 저렇게 살아가는가 보다. 평생을 죄짓지 않고 잘 살아가려고 걱정하는 것보다도 오늘 하루만이라도 사랑으로 살고, 오늘 하루만이라도 용서하고 살아간다면 그리 어려운 일도 아니리라. 살아가면서 서운했던 걸 털어내 놓고 서로 손을 잡으며 웃음 지을 때 저 잔잔한 푸른 바다를 닮아 가리라.

대침묵 피정을 다녀와서

성베네딕도수녀원 영성관에서 1박 2일의 대침묵 피정을 다녀왔다. 지금까지 여러 차례의 피정에 참여하였지만 침묵 피정은 처음이다. 피정 전 9일 기도를 바치면서 '당신의 말씀을 듣는다'는 것과 '주님 안에 하나 되는 본당 공동체'란 말의 의미를 새긴다. 아마도 신부님께서 본당 신자들의 신앙 생활을 지켜보면서 '건강한 신앙 생활'을 가장 큰 과제로 생각하셨나 보다. 우리 같은 낮은 수준에서 보더라도 신앙 생활에 고쳐야 할 점이 적지 아니한데 성직자의 눈으로 보면 거슬리는 삶의 모습이 한두 가지가 아니리라.

본당의 모든 신자들이 참여하는 침묵 피정은 경제적인 여건은 생각하지 않더라도 쉽지 않은 일이리라. 금년도 사목 방침을 '기본에 충실한 신앙 생활'로 정하고 그 실천 사항으로 '말씀의 생활화, 기도하는 신앙 생활, 냉담 교우 회두, 신자 상호간 인사 나누기'로 제시하였다. 우리는 자신의 신앙을 되돌아보면서 본당 공동체를 일으켜 세울 책임이 있다.

성 베네딕도수녀원 영성관에 도착하여 1인 1실 배정을 받았다. 책상 위에는 신부님께서 피정에 참여한 개개인에 보낸 카드와 성서가 놓여 있었고, 거기에는 "하느님의 사랑을 체험하고 가장 아름답고 복된 만남의 시간이 되길 기도 드린다."는 말씀에 감사와 위안이 되고, 누군가 함께하고 있음에 두려움에서 벗어나게 하였다. 소성당에서 피정 안내가 있었다. 대침묵 피정의 목적은 거룩한 고요함 속에서 내 안에 계신 주님을 만나는 시간을 갖는 것이라 하였다. 피정에서는 어떠한 경우라도 '절대 침묵' 하는 일과 기도나 미사, 식사는 반드시 시간을 지키고, 묵상은 수녀원 내 어디에서라도 가능하다고 하였다. 일과 시간에 맞추는 것은 별문제가 없는데 8시간이 넘는 묵상 시간을 어떻게 보내느냐가 걱정이 된다. 지금까지 한 시간 정도의 묵상은 가끔씩 있었지만 긴 시간의 묵상은 특별히 훈련을 받은 일도 없고, 특히 어떤 주제가 주어진 것도 아니고 구체적인 설명도 없고, 수준대로의 묵상 시간으로 던져진 것이다.

오후 6시 20분부터 수녀원 성당에서 성무일도의 저녁 기도와 끝기도에 참석하였다. 성당 안에는 수녀님들과 피정자들이 가득한데도 고요함이 넘치고 찬미의 기도는 천상의 화음이었다. 일년에 한두 번 수녀원 미사에 참례할 때마다 다른 세상에 온 것처럼 편안함을 느낀다. 이렇게 마음을 다하고 정성을 다하는 기도는 하느님도 즐겨 받으시리라.

식사를 하고 방으로 돌아온다. 아무도 없다. 그리고 TV도 전화도 없다. 참 자유롭다. 가끔은 단 하루라도 모든 구속에서 해방되었으면 좋겠다는 생각은 하지만……. 하루쯤 TV도 안 보고, 전화도 안 걸고 안 받아도 탈 날 일은 없지 아니한가. 고요함이 방 안을 가득 채운다. 지금 시간에는 피정에 참여한 사람들 모두가 자기 나름의 화두를 가지고 더러는 혼돈스럽고 더러는 깊은 사색에 빠져 있으리라. 모두가 열매를 거두는 피정이길 희망한다.

책상 위에는 성경이 놓여 있다. 우선 성경을 펴고 도움을 청한다.

'성서 안에서 저희를 친절히 만나 주시는 아버지, 넘치는 성령의 빛으로 제 눈을 열어 주시어 당신의 빛을 보게 하시고, 제 귀를 열어 주시어 당신의 말씀을 듣게 하시며, 제 마음을 열어 주시어 당신의 생명을 받아 안게 해 주소서.'

요한복음 6장을 편다. 생명의 빵과 영원한 생명의 말씀에 머무른다.

"나는 생명의 빵이다."(요한 6,48) "나는 하늘에서 내려온 살아 있는 빵이다. 누구든지 이 빵을 먹으면 영원히 살 것이다. 내가 줄 빵은 세상에 생명을 주는 나의 살이다."(요한 6,51) "영은 생명을 준다. 그러나 육은 아무 쓸모가 없다. 내가 너희에게 한 말은 영이며 생명이다."(요한 6,63) 인간의 얕은 머리로 그 말씀을 이해하기란 너무 버겁다. 창밖에 펼쳐진 정원과 병풍처럼 둘러선 산들과 나무들, 그리고 푸른 하늘에서 창조의 신비를 느끼게 한다.

김수환 추기경님의 명상록에서 이런 글을 떠올린다.

"만일 이 고요한 시간에 하느님께서 오셔서 지금까지 내가 살아온 길을 영화처럼 보여 준다면 그 못난 삶을 보고 고개를 들 수 있을까?" 성인같이 사신 분도 그러한데 속인이야 어찌 두려움을 느끼지 않으랴. 그러나 한편으로는 하느님은 사랑이시고,

모든 걸 용서해 주신다고 하셨으니 잘못에 대해서는 용서를 빌며, 그래도 한 가닥 용기를 가져 본다.

'늘 어떻게 살아야 하는가?'에 대하여는 고민한 터다. 돈이나 권력이나 명예는 우리가 살아가는 데 분명히 필요한 건 사실이다. 그러나 그걸 최고의 가치로 두고 매달려 살았던 많은 사람들은 결국 그것 때문에 망하지 않았는가? 그러면 어디에다 최고의 가치를 둘 것인가?

벌써 해넘이에서 화려한 노을을 본다. 이 피정에서 주님을 만나지 못할지라도 영원한 생명을 더듬어 본다. 그리고 '어떻게 살다가 왔느냐?'라고 물으면 대답할 말이라도 있어야 하지 않을까 싶다.

* 복음을 살아 보자. —매월 '오늘의 말씀'을 구입하기는 하지만 미사 시간에만 넘겨 보고 있다. 아침 기도에 복음을 읽고 아주 작은 것이라도 실천에 옮기는 버릇을 들이자. 작은 것이 모이면 큰 것이 되리라. 그리고 성경 필사를 통해서 조금씩이라도 말씀에 젖어 보리라.

* 감사하면서 살자. —우리는 감사할 줄 모른다. 아침에 깨어날 수 있고 손발을 움직일 수 있고, 해를 볼 수 있고, 소리를 들을

수 있고, 기쁨과 슬픔과 사랑을 느낄 수 있으니 얼마나 감사한 일이냐. 사실은 그것만이 아니지만 모든 일에 감사로 하루의 삶을 시작하자.

* 사랑으로 보듬어 주자. —내 주변에 이상형만이 있는 건 아니다. 마음을 열고 서로의 입장을 생각하고 나로 인해 그들이 행복하도록 생각을 바꾸어 보자. 잘났으면 얼마나 잘났고 못났으면 얼마나 못났겠는가? 그건 종이 한 장 차이다. 깊게 허리를 굽히는 일부터 배우자.

* 이야기를 들어 주자. —우리는 자기의 생각대로 떠들고 남을 쉬이 판단하여 상처를 주고 또 받기도 한다. 좀 판단을 유보하자. 그리고 남의 말을 경청하자. 그 잘난 입을 좀 닫고 다른 사람의 말부터 들어 주는 훈련을 하자.

노사제의 선종을 지켜본다. 그분은 삼나무 관 그대로, 조화 하나 없어도 추모 기간 중에 조문하러 온 사람들이 십 리나 되는 긴 줄을 서고, 서너 시간을 기다려서 10여 초도 못 머무는 조문을 40만 명이나 드리고 갔었다. '어떻게 살아야 할까?'를 말없이 가르쳐 주고 하늘에 오르셨다. 그분은 '너희와 모든 이'를 위하여 자화상처럼 바보의 삶을 살 수 있었는가를 들어 보고 싶다.

수녀원 정원의 나무들을 보며 하느님의 오묘하심을 느낀다. 같은 수종일지라도 사람의 모습이 다른 것처럼 그 모양이 다르다. 그런데 잘 다듬어진 나무는 사람들에게 더 사랑을 받고, 제멋대로 자란 나무는 가지도 잘리고 볼품이 없다. 아무도 내 삶을 살아 주지 않는다. 좀 힘이 들더라도 잘 다듬어지고 '아낌없이 주는 나무'처럼 살아가야 하리라.

건강한 신앙 생활을 위한 대침묵 피정을 준비해 주신 신부님께 감사함을 드린다. 좋은 피정이 되게 우리 모두를 받아 준 성베네딕도수녀원과, 그리고 손발이 되어 준 봉사자 여러분께도 주님의 축복이 풍성히 내리시길 기도 드린다.

주님! 감사합니다. 찬미와 영광을 받으소서.

5

떠나기 연습

생의 결산에는 돈이나 명예나 지위보다는
가난하게 살았고 행복하게 산 삶이 기리는 가치이니
천만다행한 일이다.

남은 시간을 위하여

새 호스피스 대상 환자를 대할 때마다 늘 두려움이 앞선다.

모든 사람에게 삶의 마지막 시각을 알려 주고 일주일 아니면 단 하루만이라도 덤으로 준다면 무엇을 가장 하고 싶어 할까? 사실은 공상이지만 그래도 생을 마무리하는 데 조금은 그 회한을 덜어 주리라. 호스피스 대상자의 병실을 들어서면서 고개를 깊이 숙이며 말없이 인사를 건넨다. 투병 중인 환자들의 시선이 쏠리면서 얼굴이 화끈 달아오른다. 원래 숫기가 없지만 냉랭한 병실 분위기의 적응에 서툰 탓이리라.

주어진 생명의 길이는 인간의 능력으로는 어쩔 수 없다 하더라도 '어떻게 사느냐?' 하는 것은 각자의 선택에 달려 있고, 얼굴은 그대로지만 표정은 노력하기에 따라 바꿀 수 있다 하지 않던가? 봉사자는 항시 '유머러스하고 웃음 지어라'고 하지만 낙천적이지 못하니 이 또한 쉬운 일이 아니다. 긴 세월 동안 이웃을 위하여 베푼 것은 별로 없고 늘 주변에서 도움만 받아 왔다는 생각뿐이니……. 그리고 어려웠던 일들은 자신의 슬기로 헤쳐 나왔다고 아름답게 포장을 하고 맡은 일에는 최선을 다한 결과로 오늘에 이르렀다고 거들먹거리면서 살아가고 있다. 직장 생활을 한답시고 철없이 밖으로만 나돌았던 그 시절도 있었다. '지금도 늦지 않았다.'는 말에 위안을 받으며 사회나 가정에서는 꼴찌로 살아왔지만 남은 시간만이라도 보속하는 마음으로 오늘도 호스피스 대상자의 병실을 찾는다. "주님, 오늘 하게 되는 모든 일들이 세상의 명예를 얻기보다는 오히려 세상에 숨겨지고, 어리석게 보이고 사람들에게까지 무시당하더라도 봉사하며 당신의 사명을 다하게 해 주십시오." 호스피스는 치유될 수 없는 병의 마지막 단계에 있는 환자와 가족들을 지지하고 돌봄으로써 남은 삶의 질을 높여 주고 가능한 한 편안하고 충만히 살게 해 주려고 애쓴다.

30대의 말기 암 환자. 늘 침대 주변을 서성거리며 의사의 진료나 투약마저 거부한다. 환자의 고통이야 짐작은 하지만 어찌 환자만큼 절실하랴. 누구도 그 고통을 조금이라도 대신해 줄 수 없고 그저 지켜볼 뿐이다. "혹시 병원 생활에 도움이 될까 하여 방문하였다"고 하였더니 손을 내젓는데 떠밀려 나왔다. 둘째 날도, 그다음 날도 역시 그랬다. 호스피스 자원봉사! 임종을 돕는 그 목적도 좋다. 그러나 병실에서 쫓겨 나오면서도 시간을 쪼개어 이 일을 해야 하는지 갈등이 생긴다. 이런저런 생각을 가라앉히며 '당신의 도구'로 써 주시도록 기도하면서 때를 기다린다. 두어 달 동안 환자와는 눈빛 하나 마주치지 못한 채 흘려보냈다. 누구나 시간의 차이는 있지만 누구도 피할 수 없는 게 죽음이지 않은가? 우선 정성으로 돌봐 주는 가족에게 감사하는 마음부터 가지라는 말에는 고개를 끄덕인다. 모든 걸 거부하던 시간이 지나고 그 시련과 고통을 수용하기까지 많은 시간이 흘렀다. 감사하는 마음은 그 영역을 넓혀 갔고 평화가 스며들기 시작하였다. 며칠 후 대세를 받아 새 생명을 얻었고 1주일 후 편안한 모습으로 긴 여행을 떠났다. 모든 걸 남기고 떠난 그의 영혼에 평화의 안식을 기원한다.

이웃의 죽음을 지켜보면서 그 일이 내 일로 다가온다. 그리고 병들고 지쳐 있는 이들에게 함께하는 좋은 이웃이 되어 살아갈 수 있게 용기와 힘을 주시도록 두 손을 모은다. 우리에게 다가오는 고독, 늙음, 정년, 질병 등이 죽음의 예고인 동시에 죽음의 형태인 것을 애써 외면을 하고 삶에 집착을 하는 게 바로 인간들이 아닐까?

'이제 남은 시간에 어떤 죽음을, 어떻게 준비할 것인가?'

눈엔 안개가 서리고

얼마 전부터 거실 의자에 앉아 TV를 보면 자막이 흐릿해져 자꾸 앞으로 다가간다. 시력이 나빠지고 있는 건 확실하다. 시력은 0.5 정도이나 돋보기는 낀 지 오래되었고 나이 탓이려니 하고 체념하고 만다. 안과에서는 당뇨병으로 합병증이 올 수 있으니 정기 점검을 권한다. 며칠 전에 안과에 들렀더니 백내장이 우려된다며 치료 약을 받아 왔다.

근년에 들어 일상생활에 이상 징후가 나타나고 있다. 시내에 가끔 들르는 서원書院이 있다. 중앙로역에 내려 극장 옆 골목을 지나 대구백화점에서 지근 거리에 있는데도 한참이나 헤매고 다녔다. 참 기가 막힌다는 생각이 들어 허허 웃고 만다. 또 한 달에 한 번, 동기들 10여 명이 모임을 갖는다. 30여 년이 넘은 참 오래된 모임이다. 시간이 남아 가까운 백화점에 들렀다. 1층으로 내려와 밖으로 나왔는데 방향이 잡히지 않는다. 동아쇼핑점 옆을 지나 약전골목 첫 네거리에서 북쪽으로 30여 m를 가면 모임 장소인데 위치가 헷갈린다. 여기저기를 살피며 가다가 다행히 모임에 참석하는 친구를 만났다. 오늘 사정을 얘기했더니 "그럴 때가 됐다"면서 웃어넘긴다. 울지 못해서 웃는다더니 참 문제다.

아파트의 베란다에 10여 개의 화분이 있다. 부석에다 심은 동백과 풍란과 춘란, 그리고 안스리움과 산세베리아 같은 종류의 흔한 것들이다. 가끔 피는 꽃도 보고 사철 푸른 잎을 보기 위해서다. 그중에 30여 년을 이사할 때마다 가지고 다닌 화분이 하나 있다. 그런데 그 화분에 물을 주면서 그 꽃 이름이 생각나지 않았다. 일주일 내내 기억을 떠올리다가 아마 첫 글자가 'ㅅ'이란 생각이 떠올랐다. 어느 겨울날에 "꽃도 못 피우는 주제에……" 하면서 단독 주택 마루 밑에 화분째로 처박아 둔 게 조그만 붉은 꽃을 내밀고 애처롭게 쳐다보는 모습을 보고는 지금까지 가지고 다닌 것이다. 얼마 후 '설화'임을 떠올렸다. 허어어! 최근에 잘 아는 길을 잊기도 하고, 한 일을 쉬 잊어버리기도 하여 무엇인가 문제가 있는 것은 확실한데 검사를 받아 보니 치매는 아니라는 진단을 받았는데 그래도 다행일까?

얼마 전, 사전장례의향서를 쓰면서 단 하나의 소망은 '남은 날, 하루하루 건강하게 지내고 며칠 누워 있다가 하늘의 품으로 가는 것'이 큰 행복이고 은총이란 생각이 든다. 원한다고 해서 다 그대로 이루어지는 건 아니지만 의식 없이 주렁주렁 고무줄을 매달고 주사를 맞으며 병상에 누워 몇 년 동안 연명을 하는 게 무슨 의미가 있을까? 유골을 납골당에 안치하고 사진을 걸고 조화를 꽂아 두면 그 영혼이 위안을 받을까? 유골을 나무 아래 뿌리고 손바닥 크기의 나무판에 이름을 써서 걸면 그게 수목장일까? 자꾸 회의적인 생각만이 맴돈다.

"어렵게 살아온 아들이 묘지를 구하지 못해 아버지의 유골을 바다에 뿌렸다. 가끔 생각이 떠오를 때마다 아들은 소주 한 병을 사 들고 그 바닷가로 가서 아버지에게 용서를 빌었다는 그 말……."
여운을 던진다. 그리고 어느 상가이든 간에 상주들은 문상객을 맞이하지만 평소 하는 일을 접고 늘 슬퍼하고만 있을 수는 없지 아니한가? 우리 주변을 보면 어려운 일들이 어디 한두 가지이던가? 가치관이라는 것도 시대의 상황에 따라 바뀌지 않던가?

일반적으로 노인을 65세 이상인 자로 보고 고령 사회 및 고령화 사회로 구분한다. 우리나라도 벌써 노인 인구는 10%를 넘어섰고 2026년에는 전체 인구 중 20%를 넘는 초고령 사회로 진입한다고 한다. 세계적으로 이름을 남긴 사람들을 보면 중요한 것은 얼마나 오래 살았는가가 아니라 어떻게 살았느냐에 방점을 둔다. 그러므로 늘 살아 있음에 감사하고 죽은 후에 할 수 없는 여러 가지 일들을 지금부터라도 해야 하지 않을까 싶다.

배우근 님의 글 '모든 걸 주고 떠난 선수'(좋은생각, 2017. 10) 이야기다.

메이저 리그 선수들이 '최고의 영광'으로 받는 상이 '로베르토 클레멘테상'이라고 한다. 클레멘테는 수많은 인종 차별과 시련을 겪으면서도 피츠버그의 중심 타자로 활동하였는데, 자선 활동으로 더 주목을 받았다. 그는 푸에르토리코와 중앙아메리카의 빈곤한 아이들을 위해 꾸준히 기부하였다. 어느 해 니카라과에 큰 지진이 일어나 2톤이 넘는 구호품들을 비행기에 싣고 피해 지역으로 가다가 바다에 추락하여 죽음을 맞았다. 푸에르토리코는 3일간 국민 애도 기간을 가졌고 '로베르토 클레멘테상'을 만들어 사회에 헌신적으로 공헌하고 선행에 앞장선 선수에게 수여하고 있다. 그는 생전에 "세상을 변화시킬 수 있는데 아무 일도 하지 않는 것은 지상에서의 시간을 낭비하는 것"이라 하였다. 그의 생각이 길을 환하게 비춰 준다.

요즘 유행하는 노래에 '백세 인생'이라는 노래가 있다. "팔십 세에 저세상에서 날 데리러 오거든 아직은 쓸 만해서 못 간다고(폐품인데도) …… 구십 세에 저세상에서 날 데리러 오거든 알아서 갈 테니(독선은 아닌지) 재촉 말라고 전해라." 오래 살고 싶은 욕망이 발동하여 앞뒤를 가리지 못하는 것일까? 그저 웃는 수밖에 별도리가 없는 노릇이 아닌가?

노자의 무위 사상을 물의 성질에 비유한 말이 떠오른다. "상선약수上善若水"란 말이다. 이는 으뜸 되는 선善은 물과 같다는 말이다. 물은 항상 위에서 낮은 곳으로 흘러가는 겸손함, 늘 부드러우나 한편으로는 강함도 지니고 있다. 물은 홍수로 세상을 집어삼키고 세상의 모습을 바꾸어 놓기도 한다. 이처럼 세상에 물처럼 약하고 부드럽고 유연한 것이 없고, 또 한편으로는 물만큼 굳세고 강한 것도 없으며 또 그렇게 겸손한 것이 없다는 것을 가르친 것이 아닌가? 도가 사상에서 이상적인 삶의 과정으로 여기는 이유를 알 것도 같다.

지나온 길에 어찌 잘못이 없었으랴, 왜 아쉬움이 없으랴. 앞에 보이는 길도 운무로 덮여 있으니 마음의 창으로 정리할 때가 되었나 보다. 그래도 보이는 길을 따라 감사함으로 하루하루를 마감하는 일이 용서를 받는 길이라는 생각도 해 본다. 오늘은 끝기도로 하루를 마무리하련다. "……이 밤을 편히 쉬게 하시고 거룩한 죽음을 맞게 하소서."

저녁노을이 아름다운 것은

먼동이 튼다. 앞산에 걸린 구름이 붉게 물든다. 곧 해님이 솟아오르리라.

어제 친구의 장례 미사가 있었다. 그 친구는 흔히 말하기로 '법 없이도 살 사람'이었다. 마음의 깊이는 가늠하기 어렵지만 언제나 조용하고 누구에게나 모나지 않고 얼굴 붉힘이 없이 40여 년간 신앙인으로서의 삶을 살아왔다. 가까운 3년 동안은 매주 목요일 저녁에 레지오 기도 모임을 가졌었다. 차를 가지고 온 형제분이 가는 길이니 지하철역까지 태워 주려는데도 굳이 마다하고 혼자 걸어간 친구였으니 그의 곧은 삶이 짐작이 가리라. 병이란 예측이 어렵지만 몇 달 전 친구에게 암이 찾아왔다. 대체로 암은 수술도 하고, 항암 치료도 받아 건강을 회복하는 이도 적지 않은데 면역 기능이 떨어지는 특이 체질이어서 치료가 불가능하다는 진단을 받고 나름대로 식단도 바꾸고, 단식도 하고, 많은 노력을 했었으나 회복이 어려웠다. 장지에서 하관 예절을 보면서 상주들이 관 위에 흙을 뿌릴 때 코끝이 찡하더니 눈물이 핑 돈다. 언젠가는 갈 테지만 할 말을 잊었다. "그래, 친구야. 천국에서 다시 만나세!"

해가 지남에 따라 원하지 않아도 나이는 먹는다. 죽음이란 살아 있는 모든 것들과 결별하고 모든 관계가 단절된다. 그리고 인간이 허세는 여지없이 구겨지고 망가지고 서글프게 느껴질지라도 죽음으로의 행진일 수밖에 없다. 인간이 오래 살았다 해도 긴 세월에 견주어 보면 한 점에 불과하지 아니한가? 외국인이 본 우리의 장례식장 풍경을 쓴 글을 읽었다. "돌아가신 분이 어떤 분인지에 대하여는 관심이 없고, 유족에게 눈도장 찍으러 온 사람들로 북적대는 모습, 힘 있는 사람의 이름을 쓴 리본을 달고 즐비하게 늘어선 화환들, 부의를 함에 넣고 총총히 사라지는 사람들……." 세태가 그러하니 탓할 수 없다.

우연한 기회에 인생의 마무리를 위한 글을 읽은 일이 있었다.

고개를 끄덕였다. 몇 가지 준비를 하라고 했다. “몸에 대한 준비로 무의미한 연명 치료를 하지 마라. 그다음, 마음의 준비로 죽음을 받아들여라. 그리고 사회적 준비로 부고를 내지 마라. 화환을 받지 마라. 수의는 평소에 입던 옷으로 하고, 장례는 간소하게 치러라. 그리고 기일에는 연미사를 봉헌하고, 가족이 편리한 시간에 모여 연도를 바쳐라.” 이렇게만 해도 과분한 대접을 받는 것이 아닐까? 뭘 그리 잘살았다고 사흘 안에 버릴 수십 개의 비싼 화환을 즐비하게 세우고, 울긋불긋한 제물을 차려 놓고 수십 번의 제사를 지내고, 검은 리무진을 타고 온 동네를 돌아다니고, 누구를 위한 것일까? 다 헛것이 아닌가? 옛날부터 집안에 상사가 나면 ‘큰일이 났다’고 하지 않던가? 나이가 들거나 병이 있으면 죽음을 맞는 게 정상이 아닌가? 그렇지만 그렇지 않는 죽음도 있기는 하다. 살 만큼 살았고, 병으로, 아니면 사고로 고통 속에서 죽음을 맞더라도 좀 힘들지만 그동안의 삶에 감사하고 웃음으로 맞을 준비를 해야 하지 않을까?

어느 교장(신부) 선생님이 쓴 칼럼을 읽었다. 교황님에 대한 글이다. “50달러 정도의 플라스틱 손목시계를 차고, 촌 구둣방에서 맞춘 허름한 검정 구두를 신고, 빛바랜 십자가를 목에 걸고, 가장 작은 차를 타고……. 무릎을 꿇고 축복을 청하는 수녀와 신자들을 보며 일어나서 축복을 받으라고 손짓하는 교황의 모습…….” 역시 낮은 사람들과 함께하는 모습이었다. 중요한 건 꾸민 겉모습이 아니란 사실이다. 신부님은 서품 후 의식주를 걱정한 일이 없었던 지난 사제 생활을 돌아보는 계기가 되었다고 했다. 교황님이 보여 주신 건 인간의 본래 삶의 모습이 아니던가?

일본의 고토 열도 성지 순례에서 아름다운 저녁놀을 보았다. 파란 바닷물에 뜬 놀이 너무나 화려했다. 문득 지는 해도 아름다움을 남기는데 우리에게 주어진 삶도 그 마지막을 저렇게 장식할 수는 없을까? 어려운 세상사 다 내려놓고 기쁘게 웃으며 떠나라고 한다. 저녁놀이 붉고 아름다운 것은 오늘을 기쁘게 보내고 내일의 밝은 해를 맞으려 함이 아닐까? 내일도 희망의 해는 솟아오른다.

누구나 할 수 있는 일이지만

"누구나 할 수 있는 일이지만 아무나 하는 일은 아니다."라는 말이 있다. 가끔 이 말이 설득력 있게 다가올 때가 있다. 우리가 하고 있는 많은 일 중에 남에게 도움이 되는 일을 시작하였지만 어떤 이유로든 그만둔 일들이 적지 않다. 요즈음은 세월이 좋아져서 여러 분야에서 자원봉사를 하는 분들을 많이 만날 수 있다. 병원에서, 불우 시설에서, 소년 소녀 가장이나 독거노인들을 위해서 하는 일이 드러나지 않더라도 이런 분들 때문에 우리 사회가 그래도 웃음이 돌고 한결 살맛이 나는 게 아닌가 싶다.

얼마 전에 형刑을 살고 있는 수인에게서 한 통의 편지를 받았다. 그는 "편지를 보내려 하는데 도움을 줄 수 없겠느냐?"고 물어 왔다. 한두 장도 아닌 우표 500장쯤 보내 주었으면 했다. 보통 우리는 낯모르는 사람에게 편지를 할 때 자기소개를 하는 게 일반적인데 이름 외에는 전혀 알 수가 없었고, 왜 그렇게 많은 우표가 필요한지 궁금하였지만 무슨 이유가 있겠지 하고 넘겼다. 한편으로는 그 소외된 곳에 살면서 그 대상이 누구든 편지를 쓴다는 것은 가슴에 남은 아픈 상처를 딛고 일어서려는 화해의 몸짓이고 삶에 대한 희망이 움튼다면 다행스런 일이라는 생각을 했다. 우선 필요할 것 같아서 우체국에 가서 100매를 사서 보냈다. 얼마 뒤 우체국에 갔더니 새로 디자인한 우표가 나와서 100매를 더 사서 보냈다. 몇 달 뒤 출소일이 가까워 신발과 옷을 준비한다며 돈을 좀 보내 주었으면 하고 편지를 보내왔다. 그곳의 상황을 모르니 여러 가지로 걱정이 되었다. 교정청에 있는 분에게 자문을 구하였다. 지금은 교정행정이 잘되어 있고 또 특별한 사유가 아니면 개인이 걱정하지 않는 게 좋겠다고 한다. 그러나 원하는 도움을 다 주지 못한 게 부담으로 남고 엉뚱스레 불안한 마음이 가시지 않으니 '모든 걸 내려놓고 봉사하는 일에는 아직도 멀었구나!' 하는 생각이 들었다.

여러 해 전 '꼬미시움'의 활동으로 가까이 있는 교도소 방문의 기회가 여러 번 있었다. 이 모임은 형식상 가톨릭 신자들의 모임으로 비록 여러 제약이 있긴 하지만 봉사자의 입장에서 준비한 음식도 나누고 '훈화'도 하였지만 별 부담을 갖지 않았다. 당시 느낌으로는 철조망 안에 사는 사람들이 어려운 사람을 돕거나 자기가 받은 선물을 더 어려운 이들에게 나누어 주는 이야기를 듣고는 '이 안에서도 선한 사람들이 모여 산다'라는 생각을 지울 수 없었다.

TV에서 '민들레 국숫집' 이야기가 '인간극장'으로 방영되었다. 그분은 전에 수도승의 길을 걸었고, 또 모든 것을 내려놓으신 분이기에 가능한 일이 아니었을까 싶다. 여러 이야기 중에 사기죄로 형을 살고 있는 사람의 벌금을 대신 내주어 출소시키고, 빚을 얻어 보증금과 월세를 마련하고, 살림살이를 장만해 주어 헤어진 어린 딸을 찾아 가정을 꾸리도록 주선해 주는 일은 누구나 마음에 있다 하여도 아무나 할 수 있는 일이 아니다. 더구나 나라의 지원이나 어떤 단체의 도움도 없이 오직 '나누는 사람들'의 소리 없는 도움만으로 노숙자나 어려운 이웃들을 돕고 있었다.

어느 모임에서 호스피스 자원봉사에 대한 이야기를 나누었다. 물론 봉사에 대한 기본적인 이론도 알아야 하고 여러 달 실습 기간을 거쳐야 하지만 가장 큰 전제는 “자기의 모든 것을 다 내려놓아야 한다.”는 조언을 드렸다. 이 세상에서의 삶이 3개월에서 6개월밖에 남지 아니한 호스피스 대상 환자가 겪는 심리적인 불안과 고통을 함께하는 일은 쉬운 일이 아님에랴. 말기의 병에 대하여 타협하고 수용하는 환자도 있지만 분노를 이기지 못하여 주치의의 진료도 거부하는 상황에서 병을 치료할 능력도, 힘도 없는 자원봉사자가 무슨 도움을 줄 수 있으랴. 어느 때는 병실을 방문하여도 대상자의 침상 옆에 가 보지도 못하고 쫓겨 나오기도 하고, 무슨 음식을 소원하면 100리 밖이라도 가서 준비해 마지막 만찬을 차려 드리고, 부부간의 불화를 화해시켜 영원한 안식을 준비하게 하는 일이 어찌 마음만으로 되는 일이랴.

인간이기에 불완전하고 나약함을 인정하며 살아간다. 호스피스 자원봉사도 약간은 바보스럽게 보일지라도 환자가 겪는 어려움을 자기의 일처럼 받아들이고 인내하며 최선을 다할 때 그 몫을 하는 것이리라. 자원봉사에 뜻을 두고 어렵고 힘든 시기를 슬기롭게 극복하고 꾸준하게 봉사하는 일은 사실 ‘아무나 하는 일’은 아니지 않은가? 그건 이웃 섬김의 아름다운 사랑의 말이다.

벌써 그럴 줄 알았다

베란다 창가에 앉아 창문을 열었다. 그래도 고층이어서 바람이 설렁인다. 올해는 유별나게도 비가 적게 내려서 하루같이 찜통더위에다 열대야가 겹쳤다. 더러는 물난리가 나서 어려움을 겪고 있는 곳도 있지만, 여기는 비가 비켜 가나 보다. 비가 내리다가도 '대구'라고 하면 '길을 잘못 들었구나!' 하며 얼른 거두어 다른 곳으로 간다는 우스갯소리도 있지만 설령 그렇다 한들 하늘이 하는 일인데 어쩌랴.

대형 할인점 앞, 왕복 10차선의 넓은 도로에서 빠르게 달리는 자동차의 물결을 보며 저렇게 바쁘게 보낸 지난 시절도 있지 않았나 싶다. 스무 살의 젊은 나이에 사범학교를 졸업하고 대학 진학이 여의치 않아 교사로 첫 발령을 받았다. 햇병아리 선생이 뭘 알겠냐만 늘 맡겨진 일에는 언제나 최선을 다하려고 했었다.

초임 발령 때의 일이다. 발령을 기다리고 있는데 담임선생님께서 학교에 나오라는 연락을 받았다. 학생복 차림으로 가서 뵈었더니 임지가 잘못된 것 같다며 도에 가서 확인하라 하셨다. 안동 촌놈이 대구는 첫 나들이인지라 도청을 물어물어 찾아가 담당자를 만나 뵈었더니 사무 착오로 발령이 잘못되었단다. 그러나 지금은 정정 발령이 어려우니(바로잡을 수 있지 싶은데…) 임지 배치를 우대해 주도록 조치를 하겠단다. 이렇게 첫 단추가 잘못 끼워지더니 제대 후 복직 발령 때나, 임지를 옮길 때나, 그리고 전문직 발령 때에도 그때마다 그 망령이 되살아 나왔다. 희망지에 따라 어느 때는 성적이 좋아서, 어느 때는 후배여서, 또 어느 때는 경력이 많아서 차순위로 밀려났었다. 사회는 이런 것이거니 했었다.

전문직에 근무할 때다. 평소에 일하는 것을 눈여겨본 어느 교장 선생님이 '능력이 있는 사람'이라며 진로를 열어 주도록 윗분에게 부탁을 했단다. 윗분은 대뜸 반박했다. "그 사람 능력이 없어! 그러고는 돈이 있나, 줄이 있나, 하다못해 지연, 학연이라도……. 요새는 그게 능력이 아닌가? 앞만 보고 일만 하는 건 맹꽁이야!" 그 말을 전해 듣고는 아마도 세상은 그럴지도 모른다고 바보처럼 웃어넘겼다. 사실은 사회생활을 하면서 부족한 점을 어렴풋이 알고는 있었다. 나름대로 일에 최선을 다한다고는 했지만 기대에는 부족했나 보다.

세계적인 희극 배우인 채플린이 회사에 근무할 때다, 어느 날 사장이 빵을 사 오라고 했다. 빵을 사면서 채플린은 생각했다. "사장님은 저녁 식사 때 와인을 드시는데……" 하면서 빵과 함께 와인도 한 병을 샀다. 작은 일이지만 채플린의 행위는 사장을 웃음 짓게 하였으리라.

45년 교직 생활은 그래도 좋은 날들이었다. 교직과 교육행정직의 직급은 모두 거치는 행운을 가졌다. 교사에서 출발하여 교감, 장학사, 교육연구사, 그리고 시골 학교의 교장에서 전직하여 교육연구관, 그리고 장학관을 끝으로 정년을 맞았다. 그러나 다른 관점에서 보면 무능하기 짝이 없다. 돈, 권력, 명예 등의 가치에는 인연이 멀었고, 또 찾지도 않았으니 그저 그렇고 그런 삶을 꾸린 건 당연한 일이긴 하다. 그래도 큰 시련이 없이 잘 지냈으니 아마도 보이지 않는 분의 큰 힘이 도움을 주셨으리라.

가끔 글을 쓴다. 누구나 그러하듯이 바람은 좋은 글 한 편을 남기고 싶지만 그게 입맛대로 되는 일이 아니지 않는가. 왜 그런지는 짐작을 한다. 좋은 작품을 많이 읽어야 하는데 게을러서 그러지 못했다. 그리고 등단하고 강산이 두세 번이 바뀌었는데도 이 핑계 저 핑계를 대며 글쓰기에 대한 공부를 제대로 하지 못했다. 한 작품을 발표하더라도 온 정성을 쏟아야 함에도 대충대충 넘겨 버렸다. 그러니 작품이라는 것이 볼품도 없이 그렇고 그렇지 아니한가?

신앙도 그렇다. 자신이 나약하고 모자라기에 부름을 받았다. 그래서 말씀에 따라 삶의 기준이나 새로운 가치관을 세우고 착하게 살아야겠다고 다짐을 했는데도 세상에 발을 디디고 산다는 핑계로 미지근한 채 아직도 그대로다. 그러니 평생을 바친 직장에서도, 문단에서도, 신앙 생활에서도 뭐 하나 이루어 놓은 것이 없다.

성자께서는 십자가에 달려서 숨을 거두시며 "이제 다 이루었다."고 하셨다. 요한 23세 교황님은 "모든 것이 아름답습니다." 라고 하셨다. 이 세상을 살면서 잘 준비했더라면 '상실의 삶'을 살지 않고 '하는 일마다 다 잘되었을 텐데…….' 그러나 "과거를 후회하고 미래를 걱정하지 말라. 그리고 오직 현재를 충만하게 살아라."라는 말씀을 새긴다. 이미 늦긴 하였지만 그래도 이 말씀이 희망으로 다가온다.

이 세상 끝 날, 그 마지막 시간에 사랑하는 가족들의 손을 잡고 임종 기도를 드리면서 '그래, 고맙다.'라고 사랑의 말을 남길 수 있을까? 긴 세월을 허투루 보내고 남길 것도 없으니 그저 환하게 웃으며 숨을 거두었으면 딱 좋겠지만 그런 복을 허락하실까?

아마도 이런 회한이 서리리라. '벌써 그럴 줄 알았다.'라고.

떠나기 연습

아파트의 9층 베란다에서 운무 낀 앞산을 넘겨다보다가 문득 '떠나기'라는 낱말이 떠올랐다. 어제 오후에 70대 중반인 대자代子의 부음을 들었다. 암 진단을 받은 뒤 어려운 수술도 잘 받았고, 수년간 항암 치료도 잘 견뎠고, 6개월마다 검진을 받으러 서울을 드나들었다. 그래도 손꼽는 전문 병원에서 치료를 받아서 좋은 결과를 기대했었는데 먼 길을 떠나기 전에 얼굴을 마주하고 차라도 한 잔 나누었으면 참 좋았을 걸……. 참 아쉽다는 생각을 한다.

성직자 묘지 입구 문주에 새겨진 금언! "오늘은 내 차례지만 내일은 네 차례다(HODIE MIHI, CRAS TIBI)." 아마도 죽음을 준비하라는 말일 게다. 입관 예절에서 보면 시신을 씻기고 옷을 입히고 겹

겹이 싸고 동여매고 하는데……. 입은 옷값의 고하高下야 있을지 언정 그야말로 빈손으로 가지 않던가? 예전에는 쌀 몇 톨, 동전 몇 닢을 노자로 입에 넣어 주는 풍속도 있기는 하였지만 지금은 그것도 생략되고 아마 노자 없이도 하늘나라에 갈 수 있다는 믿음이 있으니 좋은 세상이다.

지나온 삶을 대충 마무리해 보면 내세울 일은 아니지만 물려줄 재산이 없으니 홀가분하고, 학벌이란 것도 사범학교를 졸업하고 학력에 한이 맺혀 몇몇 야간 대학을 다니고 대학원을 수료하였으니 뭐 그리 내세울 것도 없고, 벼슬도 교직 생활 45년에 전문직(獎學職·硏究職) 25년을 거치는 바람에 교장이나 과장, 학무국장이란 것 몇 년을 한 것뿐이고, 훈장勳章도 연한이 차서 받은 공로상 정도이니 누구나 받는 것이고, 취미로 글을 써서 서너 권의 수필집은 냈으나 생각하면 명수필 한 편도 남긴 것 없으니 부담이 적다. 이제 나이가 들어 두어 가지 병은 친구처럼 데리고 다니지만 견딜 만하다. 그래도 남들이 보기에는 건강하다니 고마운 일이고 기쁘게 갈 일만 남은 것 같다.

어느 교수님(최재천 석좌)이 기고한 묘비명에 대한 글을 읽었다. 영국의 극작가 버나드 쇼의 묘비명으로 알려진 “어영부영하더니 내 이럴 줄 알았다."는 잘못 번역한 것이고 원문을 보면 "오래 살더니 내 이런 꼴 당할 줄 알았다." 또는 "오래 살면 결국 죽는다."라는 당연한 명제를 특유의 풍자적 표현으로 말한 것이라고 해석하였다. 사실 그는 극작가, 소설가, 수필가, 음악평론가로 살며 노벨문학상과 아카데미 영화상을 받았으니 잘못 산 것도 아니지 않는가? '탈무드'에 보면 사람은 죽을 때에는 두 손을 편다고 하는데 그건 '세상 모든 게 내 것이 아니더라.'는 뜻을 함축한 것이리라.

우리는 가끔 성인의 죽음을 본다. 요한 23세 교황님은 베네치아 교구장 시절 "나는 가난하지만 존경스럽고 겸손한 사람들의 자식으로 태어나 죽을 때도 가난하게 죽을 수 있어서 너무나도 기쁘다."라고 하셨다. 생의 결산에는 돈이나 명예나 지위보다는 가난하게 살았고 행복하게 산 삶이 기리는 가치이니 천만다행한 일이다. 서산에 기운 해를 보며 두 손을 편다. 한 번 주신 삶인데 멋지게 떠나자. 거두어 가실 날이 언제일지는 모르지만 임종 기도를 들으며 웃으면서 '고맙다.' 이 한마디를 남기고 눈을 감았으면 좋겠다. 이제부터는 오늘 하루만을 생각하자. 호라티우스 시인의 시구가 스친다. "…오늘은 자기의 날이라고 말할 수 있는 자만이 행복하리라."

덤으로 받은 축복

밤늦게 잠자리에 들어도 한두 번 잠에서 깬다. 나이 탓일까? 다시 뒤척이다가 보면 서너 시가 된다. 가끔 두 번째 잠에서 꿈을 꿀 때가 있다. 오늘은 '과일을 깎아서 덤을 주는 꿈'이었다. 어떤 의미를 주려 함일까? 아파트 단지를 산책하다가 '덤'이란 말이 다시 떠올랐다. '덤'은 '제 값어치의 물건 외에 더 얹어 주고 받는 일'로 풀이한다.

수년 전에 집사람이 흉추를 다쳐 시술을 받고 서너 달 고생을 했었는데 잘 극복했었다. 이번에도 허리를 삐끗했다더니 MRI와 CT 검사 결과 요추 몇 개가 또 내려앉았단다. 그러다가 낫겠지 했는데 통증이 심해서 전문 병원에 입원을 해서 시술을 받았다.

그 영향인지는 모르지만 전신이 마비되는 증세로 회복이 어렵다는 진단을 받았다. 노인네 둘만 살아서 집 안팎의 일은 내 몫일 수밖에 없다. 가사에는 손끝 하나 건드린 적이 없는 터라 집안일에는 그저 잘하건 잘 못하건 여자의 몫이려니 했었다.

팔순을 넘긴 동기들 모임에서 한 친구가 설거지를 한다고 푸념을 한다. 그냥 들으면서 웃음만 짓다가 혼잣소리를 한다. "……친구야, 그건 약과여! 누구는 하는 일마다 잔소리를 들어가며 밥을 짓고, 설거지하고, 청소하고, 빨래하고……. 그것뿐이 아닐세. 집사람은 입막음을 하려는지 살아온 자잘한 얘기를 꺼낸다네. '옛날에는 월급이 모자라 쌀이 떨어졌을 때도 있었고, 자식의 등록금이 없어서 빌리러 다니기도 하고, 젖먹이의 우유 살 돈이 없어 헤맬 때도 있었고. 그런데도 남편이란 사람은 집안일에는 관심이 없고……' 섭섭할 때마다 이런 걸 들고 나와 햇볕에 툭툭 던져 놓는다네." 어쩌면 부엌일을 해도 당연하다는 투다. 그래도 설거지를 하면서도 신체 조건이 아담해서 별로 보기 싫지는 않을 거라고 웃어넘긴다. 자식들은 도우미를 쓰라지만 이젠 할 일도 별로 없는 터라 쉬엄쉬엄 할 테니 놔두라고 이른다. 사실 집사람과 나는 덤으로 살고 있다는 생각도 한다. 다행히 초기에 암을 발견해 수술을 했고 항암 치료도 받았지만 벌써 20여 년을 훌쩍 넘겼으니 그것만도 행운이 아니랴. 구약에서 읽은 구절이다. “그분은 …… 물 없이 메마른 땅에서 너희를 인도하시고, 너희를 위하여 차돌 바위에서 물이 솟아나게 하신 분이시다. …… 그것은 너희를 낮추고 시험하셔서 뒷날에 너희가 잘되게 하시려는 것이었다.”(신명 8,14-16 약속의 땅에서 받게 될 유혹) 참으로 위안을 주는 말이 아닐까 싶다.

정년퇴임 후 호스피스 봉사 활동을 할 때다. 어느 날 병실에서 환우와 이야기를 나누고 있는데 옆 병상의 환자가 지나가는 말로 “얼마나 살기가 어려우면 머리가 허연 노인이 중환자실을 찾아다니며 이런 짓을 하느냐?”기에 못 들은 척했다. 사실은 돈을 받고 하는 일은 아니니까 말이다. 50대의 간암 환자와 나눈 얘기다. “어려운 수술도 잘해 주셔서 감사하고, 퇴원해서 무공해 채소를 가꾸어 가족의 건강도 챙기고…….” 하면서 퇴원했는데 서너 달 뒤 초췌한 모습으로 재입원하였다. “건강이 좀 나아진 듯하여 무리를 한 것 같다.” 병자 성사를 받은 이틀 뒤 하늘나라로 떠났다. 장례미사에서 남편이 눈을 감지 않는다고 울먹인다. “사랑하는 아내와 대학생인 딸, 그리고 고등학생인 아들을 두고 어찌 쉽게 눈을 감겠냐…….”고 사별 가족을 돌보며 위로를 드린 기억이 새롭다.

이제 죽음을 생각한다. 우리는 언제, 어디서, 어떻게 생을 마감할지는 아무도 모른다. ‘어느 할아버지의 사랑’이라는 글에서다. “할머니는 1년 전부터 말기 암으로 고통을 받았다. 방사선 치료에도 고통이 없는 것처럼 웃음을 잃지 않아 늘 행복한 모습을 보여 주었다. 어느 날, 할머니는 잠을 좀 자겠다며 자리에 누웠다. 할아버지는 그 틈을 타 외출을 한 사이 할머니는 하늘나라로 가셨다. 할아버지는 ‘이제 쉴 때가 되었구먼!’ 하시고는 심한 가슴앓이를 하였다. 그 후 할아버지는 할머니와 추억이 서린 곳을 여러 날 여행하시고…….”

아마도 지금 내게 주어진 일들은 원한다 해도 누구나 할 수 있는 일도 아니고 ‘덤으로 받은 축복’이 아닐까 한다. 현대의 불치병인 암의 가장 좋은 치료 약은 ‘감사’하는 일이며 “그 하루는 축복의 하루다.”라고 했다. 하루를 시작하면서 이 나이에 그래도 자기 손으로 먹을 수 있고, 걸을 수 있고, 볼 수 있고, 들을 수 있으니 감사한 일이고, 그리고 집사람이 투병 중이긴 하지만 함께할 수 있는 것이 축복이 아닐까 싶다. 거실을 청소하며 감사의 나무에서 덤으로 받은 축복의 열매들이 주렁주렁 열리는 희망을 가져 본다.

내려놓아라, 비워라

이제 산수傘壽를 넘긴 나이다. 나이를 먹으면서 생각이 많아지고 자꾸 뒤를 돌아보게 된다. 여러 성인聖人들의 삶을 보면서 얼마나 오래 살았는가보다 누구를 위해, 어떻게 살았느냐가 회자膾炙의 대상이니 인생은 양量보다 질質이란 생각이 짙다.

근년에 와서 '이제는 다 내려놓고, 비워라!'는 생각을 할 때가 많다. 하찮은 일이지만 수년전에 이사를 하면서 모으기만 한 책을 많이도 버렸지만 아직도 서재에 넘친다. 그런데 앨범이 문제다. 훗날 떠나고 나면 다른 사람의 손으로 무더기로 내다 버릴 텐데 말이다. 앞으로는 어떤 경우에도 사진을 남기지 않기로 했다. 잡지사에서 원고 청탁이 와서 송고한 후 관련 사진을 요청해 와서 난감했었다. '내려놓기와 비우기'는 탐욕을 절제하고 나름대로 '단순한 삶'으로의 희망을 나타낸 것인데도 억지로 포기하여 무기력한 삶이 될까 두렵기는 하다.

근간에 동기들의 부음訃音을 자주 듣는다. 옛날 같으면 살 만큼 산 나이인데도 뒷얘기는 삶에 대한 미련이 남는가 보다. 모임에서 "다 내려놓는다."는 말에 "그러면 죽는다."고 한다. 아직도 그럴 나이가 아니란 말인가? 보통 사람으로서는 너무 힘든 일이기 때문일까? 사실 누구든 욕심을 부리는 모습을 보는 것은 좋은 모양새는 아니지 않은가?

법정 스님의 글에 방하착放下着이란 말이 있다. 이는 '집착을 내려놓는 일'이라 했다. 우리는 살면서 채우는 훈련만 해 왔단다. 무소유無所有란 말도 아무것도 갖지 않는 것이 아니라 불필요한 것을 갖지 않는 것이라 했다. 그 글에 "이름 있는 난초 두 분盆을 갖고 있었는데 애지중지 가꾼 보람으로 은은한 향기와 연두색 꽃을 보고 좋아했었다. 장마가 갠 날, 난초를 뜰에 내놓은 채 외출한 것을 생각하고 햇볕에 늘어져 있을 난초 잎이 아른거려 급히 돌아왔는데……." 집착의 괴로움을 깨닫고는 친구에게 그 난초를 주어 버린 얘기다. 이는 아무것도 갖지 않을 때 비로소 온 세상을 차지한다는 무소유의 역리가 아닐까 한다.

그리스 사람들은 물이 흘러내리는 것을 보며 세상에 집착하지 않는 법을 배워 탐욕貪慾의 노예가 되지 않으려 했다는 글을 읽은 일이 있다. 탐욕이 인간의 행복을 앗아 가기 때문이 아닐까? 살아오면서 내 그릇과 내 몫을 알아야 하는데 그걸 모르고 남의 몫, 남의 그릇을 넘보느라 고통을 자초自招하였으리라. 이치로 따지면 내려놓은 만큼, 버린 만큼, 비운 만큼 스트레스로부터, 기대로부터, 초조와 중압감으로부터 자유롭다고 했다.

친구가 노년에 설거지를 하는 신세가 되었다고 푸념을 한다. 한 친구는 그래도 아프더라도 얘기를 나눌 상대가 있고, 자신은 건강하니 행복하다고 생각하란다. 만일 혼자라면 마땅히 해야 할 일이니 말이다. 끼니를 잇고 자기가 먹은 그릇 몇 개를 치우는 건 당연한 일이지 유세 부릴 일은 결코 아니지 않은가?

어느 존경하는 선배님의 얘기다. 여느 집처럼 자식들은 외지에 있고 80대 중반의 노부부가 아파트에서 산다. 가끔 밖에 나와 있다가 집에 전화를 했을 때 내자가 받으면 그렇게 반가울 수 없단다. 전화를 받을 수 있을 만큼 호전되었다는 생각이 들기 때문이란다. 부인은 암 수술과 항암 치료의 부작용으로 한 달에도 두세 번씩 119에 실려 응급실을 드나든 지도 벌써 10여 년이 넘는다고 한다. 그래도 병 수발에 힘든 내색 하나 없이 언제나 담담하다. 장자여서 기제사가 잦은데 손수 장보기와 제수를 장만하고 제사를 지낸다고 한다. 신앙인의 법으로 따져서 좀 간소화할 수 있음에도 옛 범절을 그대로 따른다. 만일 그 상황에서 할 일이 설거지뿐이라면 참 홀가분하리라.

걸어서 20여 분 거리에 막내 내외가 산다. 애비와 에미는 직장인이어서 맏손녀는 아주 어릴 적에는 할애비와 할미한테서 자랐고, 지금은 중학생이어서 하교 시간에 가서 학원에 데려다 주기도 하고, 간식이나 저녁을 먹이고 퇴근할 때까지 함께 있다가 온다. 아침 시간은 늘 바쁜 것 같다. 애비는 7시쯤 출근을 하고 에미는 빵 한 조각과 커피 한 잔으로 아침을 때우고, 7시 반쯤 잠을 깨워 간단히 아침을 먹여 학교에 보내고, 8시 전후에 출근을 한다. 늘 그렇게 바쁜 일과이니 애처로운 생각마저 든다. 저래서 어떻게 건강을 지키고 하루를 버티나 싶다. 도우미가 오는 날은 예외이지만 혼자일 때 개수대에 커피 잔이나 음료수 잔이 보이면 헹구거나 씻어서 엎어 놓기도 하고 저녁밥이 없으면 밥도 해 놓는다. 밥을 짓는 건 자주 하는 일이어서 자신이 있는 편이다. 그저 애긍哀矜의 수준이니 부담이 없다. 지금까지 이런 보속補贖을 받은 사람은 없겠지만 그런 뜻이 있다면 참 다행스런 일이 아닐까?

높은 벼슬자리에 올랐던 사람도, 부자도, 잘나건 못나건 모두 몸만 가지고 산이나 화장터로 가지 않던가? 눈을 감는 그날, 권력과 지위, 그리고 명예와 재산은 어떤 도움을 줄까? 대부분의 사람들은 이런 것들에 목을 매고 고통 속에서 살았다 해도 과언이 아니리라. 그런 건 탐貪하는 것이 아니고 주어지는 것일진대 눈치를 보며 피곤한 삶을 살지 말고 스스로 삶의 주인이 되라고 이른다.

우리는 죽음에 대해 무엇을 알고 있는가? 사람은 누구나 죽고, 거기에는 순서가 없고, 아무것도 가져가지 못한다는 사실을 안다. 그리고 언제, 어디서, 어떻게 죽느냐 하는 것은 모르고 산다. 아름다운 마무리가 살아온 삶을 더 의미 있게 만들어 주지 아니하던가? 여러 형태의 죽음의 모습이 있지만 가족들의 사랑 가득한 보살핌 속에서 눈을 감는 일은 모든 사람이 바라는 바가 아니랴.

남은 시간이 얼마일지는 모르지만 나눔의 삶, 기쁨의 삶도 본다. 꼭 물질적인 것만이 아니고 따뜻한 말과 눈빛, 또 시간이면 어떠랴. 마지막 날, 다 내려놓고, 버리고, 비워서 훨훨 자유롭게 영원으로 향하며 웃음 짓는 모습이면 더더욱 아름답지 않으랴. 삶을 돌아보면서 "내려놓아라, 비워라!" 이 말 한마디가 큰 울림으로 다가온다.

죽음에 대하여

생명의 최대의 위협은 죽음이다. 우리가 살고 있는 이 세상에서 아무리 환경을 개선하고, 의학이 최고도로 발전한다 하더라도 "사람은 누구나 죽는다."는 이 법칙만은 바꾸어 놓을 수는 없다. 그리고 언제, 어디서, 어떻게 찾아올지도 예견하기 어렵다. 사람들은 죽음을 가장 두려워하면서도 '내 몫이 아니다'라는 생각이 짙어 다른 사람의 죽음을 보고는 강 건너 불구경하듯 한다. 그러나 자기와 가까운 사람에게 찾아왔을 때에는 잠시 움츠렸다가 다시 평상으로 돌아가 버린다. 낳아 길러 준 육친의 죽음이 비록 수를 다하였다 하더라도 어찌 애통하지 않으랴. 더구나 어떤 이유에서든 먼저 보낸 자식의 죽음은 부모의 가슴에 묻어 두고 떠난다고 한다. 대부분의 보통 사람은 건강한 생명을 유지하려는 노력을 통하여 행복을 추구한다. 그 과정에서 기쁨은 오래 머물기를 원하나 잠시 스치고, 오히려 작은 고통이라도 그 상흔은 오래 그리고 깊게 머문다.

인간의 죽음이란 우주 전체의 어떤 사물들과의 관계들이 근본적으로 단절을 하게 되고 인간은 차디찬 광물의 세계로 돌아간다. 사순절에 '재의 예식'을 생각하게 한다. 재를 축성하여 머리에 얹으며 '사람은 흙에서 났으니, 흙으로 돌아갈 것을 생각하십시오.'라고 이르고 극기, 금욕, 자선을 권장한다. 허투루 살아온 날들을 되돌아보고 바르고 새롭게 살아가라고 한다. 그 사람이 얼마나 잘 살았는가는 관의 뚜껑을 덮은 다음에나 진정한 평가가 이루어진다는 말이 있다. 죽음이 삶과의 한 획을 그어 갈라놓은 것이다.

인간들의 삶의 모습을 그려 보면 욕망의 굴레를 벗어나지 못하여 저지르는 잘못들이 수없이 많다. 특히 돈과 명예가 그러하다. 돈이 아무리 많아도 사람들은 죽어서 자기의 뜻대로가 아니고, 다른 사람의 배려로 노자 몇 푼만 가져갈 뿐이고, 명예는 죽음과 동시에 거두어 간다. 얼마 전 앨범을 정리하다가 문득 '이

사진들이 삶의 기록이긴 하지만 어느 때 연기로 사라질 것들인데……'하는 생각이 들었다. 그 뒤 사진에 대한 기피 현상이 든 것도 우연이 아니다.

친척의 외로운 죽음을 보고, 그래도 위로가 될까 하고 화장장으로 동행한 일이 있었다. 조그만 촌이어서 그런지는 몰라도 화장장으로 가는 길은 편하게 다닐 수 있는 훤하게 트인 길이 아니고 길옆에는 잡초가 우거지고, 차 한 대가 겨우 지나갈 수 있는 좁은 길이 마지막 길이었다. 삶에도 수없이 복잡한 일들이 얽혀 있지만 죽어서도 산 사람이 치를 일들이 적지 않음을 본다. 제사도 한두 번이 아니고, 제물(돈)도 수없이 놓아야 한다. 어쩌면 산 사람의 체면치레로만 보인다. 관을 안치하고 불을 댕기고는 상주가 "대화大火요"라고 알린다. 육신은 불에 타도 영혼은 피하라는 말일 게다. 한 시간 남짓 지나서 육신은 한 줌의 재로 남아 물체로 돌아가 버린 것이다. 이것으로 모든 것이 끝이 난다면 삶의 의미가 어디에 있을까.

인간은 자기의 육체를 통하여 자연의 역사에 참여해 왔다. 그리스도교에서의 죽음은 자연의 행위이며 인격적인 활동으로 말한다. 죽음은 그 존재 방식이 아무리 좋건 나쁘건 지상에서 존재

하는 방식과는 결별을 하고 근본적인 새로움으로 건너가는 것을 의미한다. 인간은 죽음에 의미를 부여하고 적극적으로 받아들이며, 그리스도처럼 죽음을 승화시키는 자세를 가지도록 가르치고 있다.

죽음에 대한 여러 입장은 독창적인 삶의 사고를 엿보게 한다.

무속에서는 이승에 살던 사람이 죽으면 저승에서 영원히 살며, 죽은 후에는 종을 달리하여 세상에 다시 태어난다고 믿는다. 불교에서는 죽음은 곧 삶이며 모든 중고衆苦와 번뇌가 끊어진 해탈의 경지인 열반으로 이해한다. 힌두교에서는 세속 조건을 초월한 불사不死와 자신이 지은 까르마에 따라 다시 태어난다고 하는 윤회설을 합리적으로 수용한다. 이슬람교에서는 죽음을 고차원적 삶으로 향하는 새 단계로 본다. 어쨌든 죽음은 이 세상의 모든 것과의 관계가 단절되기는 하나 그것을 극복하고 어떤 형태든 영원한 삶을 지향하고 있다.

인간은 그것이 가능하든 불가능하든 영원히 살고 싶어 한다. 나이가 들면 육체의 건강이 뒷받침해 줄 것이라 믿고 꼭두새벽에 산을 오르고, 땀을 흘리며 운동을 하고, 신체에 조그만 이상이라도 발견되면 병원으로 달려가 치료를 받고, 시한부 생명일지라도 이를 연장하기 위한 최선의 방법을 모색하는 모습을 자주 듣고 본다.

영혼과 육신의 관계를 어떻게 설정하든 육체의 건강에 못지않게 중요한 것이 정신 건강이 아닐까 한다. 정신적인 관계를 끊어버린 식물인간은 반쪽 삶도 미치지 못한다. 예수 그리스도를 믿는 사람들은 육신의 부활을 고백한다. 그리고 인간은 영혼으로 인하여 형상화된 물질이기에 부활한 육신은 죽기 전의 육신과 본체적으로 같은 육신이며 교회는 모든 이들 즉 의인이나 악인들의 부활을 가르치며 믿고 있다.

인간의 삶은 죽음으로의 행진이다. 긴 삶을 살았다 하더라도 영원의 척도로 보면 한순간에 불과하다. 점에 불과한 순간적인 삶을 보편적인 사랑으로 살아가기를 요구한다. 살아 있는 모든 날에 나름대로의 삶의 의미를 정립하고 최선을 다할 때 영광스러운 죽음을 맞이할 수 있으리라.

6
그랜드 캐니언의 신비

스스로 선 자리를 알고 더 낮아져야 한다.
그리고 자연을 거스름은 화를 초래할 뿐, 그 가르침을
겸손하게 받아들여야 하지 않을까.

가을, 하루의 여행

가을이 오색으로 물들고 있다. 하늘은 더 높아지고 더 푸르러지리라.

황혼의 나이에 걸맞지 않게 훌쩍 떠나고 싶은 충동을 느낀다. 가을은 남자의 계절이라고 하였던가? 생각을 다 내려놓고 그냥 산, 강, 들판을 보고 걷고 싶을 뿐이다. 산은 울긋불긋한 단풍으로 손짓을 하고, 강물은 재잘거리고, 황금물결이 이는 들판은 농부의 손길이 분주하리라.

지난 주말에 친구에게서 전화가 왔다. 수요일쯤에 버스를 타고 가까운 곳으로 나들이를 하자고 한다. 첫말에 "그래, 좋다."고 했다. 정년퇴임한 지도 벌써 오래인데도 마음은 옛 시절 그대로

이니 그래도 비슷한 사람들이 있어서 외롭지는 않다. 모두 버스를 이용하자고 했다. 누가 차를 가지고 가면 운전을 맡은 친구는 앞만 보아야 하는 그 고통을 덜어 주어야 하리라. 버스에 올랐다. 승객이 10여 명 정도이다. 기름 값은 하루가 멀다 하고 치솟고 있는데 수지 타산이 걱정스럽다. 시민의 소박한 바람이지만 모두가 흑자였으면 좋겠다. 시내를 벗어나 고속도로를 달린다. 길 양쪽으로 가로수들이 여러 가지 색깔로 물이 들고 있었다. 좀 더 멀리 눈을 돌리면 산들도 여러 색깔이 어우러져 그린 그림이라 참으로 아름답다. 일상에서 해방이 되었으니 몸은 날 듯이 가볍다. 고령까지는 30여 분밖에 걸리지 않으니 벌써 도착을 알린다. 뚜렷하게 목적지를 정한 것도 아니어서 문화유산을 돌아보기로 했다.

일행 중에 고령을 잘 알고 있는 친구의 안내를 받는다. 먼저 주산성(310.3m)을 오르고, 지산동 고분군을 보고, 대가야박물관을 견학하고, 시골 5일장을 구경하기로 했다.

먼저 주산성에 올랐다. 대가야 시대 궁성을 방어하기 위하여 조성하였다고는 하나 성의 흔적은 산 중턱에 묻혀 버린 몇 개의 돌의 흔적만이 드러나 있고 정상으로 오르는 등산로가 나 있을

뿐이다. 산을 오르면서 늘 느끼는 건 이 산길에도 왜 시멘트로 포장을 해 버렸을까? 좁은 생각일지는 모르지만 오히려 흙길로 다듬었으면 참 좋을 거란 생각이 든다. 조금 오르다가는 '쉬어서 가자'는 이야기가 자주 나온다. 길가에 앉아 쉬면서 준비해 온 간식을 먹는다. 빵과 우유와 시루떡과 송편과 그리고 매실주 한 병! 참 자상스레 챙겨 왔다. 지나가는 등산객들이 부러운 눈으로 쳐다본다. 그분들에게 매실주 한 잔을 권하고 송편을 드렸더니 함박웃음이 돈다. 서로가 고맙다.

지산동 고분군(사적 제79호)을 지나온다. 지산리 일대에 분포한 가야 최대 최고의 밀집 분포 고분군이다. 주산의 남동쪽 능선 위에는 우리나라에서 최초로 발굴된 순장 묘인 지산동 44, 45호분을 포함하여 크고 작은 700여 기의 고분이 분포하고 있다. 대체로 5~6세기에 걸쳐서 만들어진 것으로 대가야 양식의 토기와 철기, 말갖춤, 금관과 금동관, 장신구 등 최고급의 유물이 출토된다고 한다. 짧은 생각일지 모르지만 비록 임금이라 할지라도 순장의 풍습은 아무래도 너무한 것 같다. 그들도 존엄한 인간일진대 그 시대에는 그게 윤리이고 법이었을까?

주산 기슭에 자리 잡고 있는 대가야 왕릉 전시관과 대가야 역사관은 대가야와 고령 지역의 역사와 문화를 종합적으로 전시하고 있다. 대규모의 순장 무덤인 지산리 44호분의 내부를 그대로 재현해 두었고, 역사관은 이 지역의 역사를 한눈에 알 수 있도록 구석기 시대부터 근대에 이르는 역사·문화에 대한 설명과 유물을 전시해 두고 있다. 여러 번을 관람하였지만 충분하지 못한 시간이 아쉽다.

그리고 5일장을 돌아본다. 고향에 온 것처럼 포근하다. 농촌의 장날도 도시의 재래 시장과 그 풍경이 비슷하다. 그래도 장날이라고 사람들이 붐빈다. 사람이 살아가는 데에는 역시 먹거리가 가장 중심을 이루나 보다. 언젠가 TV에 방영되었다고 크게 현수막을 내건 집에 들러 소고기 국밥으로 늦은 점심을 먹었다.

즐거운 하루가 흘러가고 다시 버스에 오른다. 오늘은 산을 오르는 사람들도 만나고, 아름다운 단풍도 곁에 두었고, 곡식을 거두는 농부의 웃음도 보았다. 그리고 미련 없이 이 가을을 보내련다. 더 늦기 전에 낙엽을 태우면서 밤을 보낼 수 있다면 참 좋으리라. 인간의 욕심은 끝이 없다고 하였던가?

그랜드 캐니언Grand Canyon의 신비

"아, 어쩌면 이럴 수가……."

그랜드 캐니언의 마더 포인트Mother Point에서 대협곡의 장관을 보는 순간 흘러나온 말이다. 자연은 스스로 부끄럼 없이 그의 속살을 드러내 인간이 말문을 닫게 할 만큼 형언할 수 없는 장엄함을 보여 주고 있다.

라스베이거스의 메리옷 호텔에서 8시에 출발하여 후버 댐을 거쳐 사막과 같은 광야를 달린다. 길 양쪽으로 땅에 붙어 자란 풀과 선인장이 깔려 있고, 멀리 몇 채의 집들 그리고 암갈색의 돌산이 널려 있다. 2시간을 달렸지만 아직도 그랜드 캐니언은 220마일로 안내된 표지판이 보인다. 시속 70마일로 달려도 3시간을 더 가야 한다. '산이 깊어야 골이 깊다'는 말을 떠올리며 저 멀리 보이는 높은 산 아래에 그 유명한 계곡이 있겠거니……. 이제는 사막을 벗어난 듯 두어 길 정도의 소나무가 빼곡히 자라고 있다. 6시간 20분을 달려 마더 포인트에 도착한 셈이다.

그랜드 캐니언은 높은 산이 만들어 놓은 계곡이 아니고, 해발 800m의 땅이 갈라져 이루어진 그런 협곡이 아닌가. 미국 남서부, 콜로라도 강 유역에 위치한 깊이 1.6km, 길이 350km, 폭 7~29km의 대협곡! 빙하 시대에 생성된 지구의 역사가 새겨진 암벽과 곡벽의 지층은 거의 수평이고 최하부는 시생대, 최상부는 신생대라고 한다. 사우스 림South Rim의 마더 포인트는 그랜드 캐니언에서 뛰어난 절경의 하나로 꼽힌다.

1930년 이곳을 처음 방문한 루즈벨트 대통령은 이런 말을 남겼다. "애리조나 주는 이 세상 어디에도 비교할 수 없는 자연의 기적을 차지하고 있소. 애리조나 주를 위해서나, 미국 전체를 위해서나 이 위대한 자연의 불가사의를 그대로 보존하시오." 보인 모습 그대로 글로 나타낼 수 있었으면 참으로 좋으련만 그 능력이 없음이 참으로 안타깝다.

시루떡처럼 층층이 쌓아 올린 1,000여 미터가 넘는 깎아지른 낭떠러지, 어떤 색으로도 표현하기 어려운 다양한 색조의 계곡이 이어지고 있다. 고소 공포증인지 다리가 후들후들 떨리고 현기증이 나서 아래를 내려다볼 수가 없다. 바로 손 닿을 곳에 생긴 단층의 깊이가 빌딩으로 치면 20여 층은 족히 넘으리라. 여러 갈래로 찢어지고 팬 계곡의 끝은 보이지 않고 밑바닥에서부터 풀과 나무들이 층을 이루며 자라고 있다. 멀리는 높게 형성된 평원이 아련히 보인다. 이곳에서 평원을 이룬 그곳까지가 154km가 된다는 안내 지도를 보고는 또 한 번 놀랐다. 우리 이수里數로 따져서 400리가 된다는 이야기가 아닌가.

마더 포인트의 신비를 보면서 일상을 떠올린다.

최근 한 주에 한 번 이상 높고 낮은 산을 올랐다. 어느 산이건 등산객을 위한 등산로가 있었고, 가파른 곳에는 계단이나 굵은 밧줄을 설치해 두었고 위험한 곳에는 철책으로 막아 등산객의 안전에 최선을 다하고 있다. 대둔산에는 60도 정도의 기울기에 하늘을 찌를 듯 철판으로 200여 개의 계단을 만들어 두었으니 과연 산을 오르는 사람들의 천국이 아닐까. 어디든지 오르고, 쓰레기를 마구 버린 탓에 자연의 훼손을 가져와 산의 안식년제를 실시하고 있는지도 모른다.

이 그래드 캐니언에는 여러 곳의 뷰 포인트View Point마다 경계 표시의 장치밖에는 아무것도 없다. 그 대협곡의 경관을 가슴으로, 눈으로만 담아야 한다. 그러기에 1년에 500만 명 이상의 관광객이 다녀가도 그대로 보존되는지도 모른다. 마더 포인트에서 30마일가량 떨어진 데저트 뷰Desert View에 이르기까지 다양한 자연경관을 보여 준다. 사우스 림의 야바파이 포인트에서는 아래쪽 산등성이가 흡사 고래들이 물 위로 떼 지어 노니는 모습 같고, 크고 작은 평원과 높고 낮은 산등성이는 햇빛을 받아 각가지 색깔을 드러내고, 콜로라도 강이 만들어 낸 운카 델타, 트로위프 전망대에서 본 초콜릿 빛의 네모 모양의 거대한 용암류와 숨어서 흐르는 강의 상류 등을 보며 말을 잃는다.

노스 림North Rim의 케이프 로열에서는 위탄의 왕관을 볼 수도 있고, 이곳의 아한대 숲에서 밑바닥의 '소노란' 사막에 이르기까지 층층의 경사면에서는 협곡 형성의 과정을 보여 주는가 하면 지질 역사의 1/3이 드러나 있는 마블 캐니언, 그리고 로열 봉에서 보이는 비슈누 사원과 프레이다 성, 바위 위의 오리 등, 어떤 재주로도 이런 장관을 연출할 수 없으리라. 그뿐이랴, 협곡을 안개로 덮어 모든 걸 감추어 버리기도 하고, 검은 구름 기둥이 치솟아 소나기를 쏟아 놓고, 협곡이 가까이 왔다가 멀리 사라지기도 한다.

데저트 뷰로 가면서 루즈벨트 대통령이 한 말을 되새기며 '아, 그렇구나' 하는 생각이 들었다. "그랜드 캐니언을 있는 그대로 가만히 두시오. 세월이 만들어 놓은 작품을 우리 인간은 훼손이나 시킬 뿐이니까요. 우리가 할 일이란 이곳을 잘 보존하여 자자손손 후세 사람들에게 남겨 주는 것이오." 자연의 개발이 어찌 본래의 모습만 하랴.

콜로라도 강의 상류인 모란 포인트에서 산소통을 끌며 관광에 나선 60대의 할머니를 볼 수 있었다. 투병의 그 고통과 위험을 감내하면서도 이곳까지 오도록 유인한 것은 무엇이었을까. 평생의 소원을 이루려 함일까.

데저트 뷰에서는 그랜드 캐니언의 긴 골짜기를 한눈에 조망할 수 있다. 5층 높이의 원형 전망대에는 인디언 유적이 새겨져 있었다. 약 11,000년 전 마지막 빙하 시대가 끝날 무렵 낸코위프 분지에서 고대 인디언들의 삶의 터전으로 추측하고 있다.

지질학자 존 스트롱 뉴 버리는 이렇게 표현하였다.

"지구 표면 어디에도 이곳처럼 그 구조의 비밀이 드러나 있는 곳은 없다. 약 20억 년 무게의 지구 역사가 그랜드 캐니언의 암벽에 드러나 있다. 대협곡에 있는 거무스름한 변성 편암, 편마암, 화강암의 그룹과 데저트 뷰에서 보듯이 적갈색 오렌지, 베이지색, 검정, 보라의 색조를 띤 경사진 수성암과 화성암, 양쪽 모두 아득한 먼 옛날 산맥들의 자취이니 그저 말문이 막힐 뿐이다. 경사진 단층들 위에 수직으로 약 1,219m의 길이로 사암, 석회암, 혈암의 수평 층들이 침식하여 경도의 차이에 따라 절벽이나 비탈로 번갈아 형성되어 갔다. 이러한 지층마다 세월을 통하여 진화해 가는 생명의 모습을 예증해 주는 화석들이 담겨져 있다."

탐험가 존 웨슬리 파웰은 "그랜드 캐니언은 한 번 봐서는 모른다. 한 달이고 두 달이고 그 복잡한 미로를 고생하며 찾아보아야 한다"고 하였다.

그랜드 캐니언의 신비를 더 이상 설명할 수 있으랴. 지금, 우리는 21C 첨단 과학 시대에 살고 있다고는 하지만 인간은 이렇게도 불가사의하고도 위대한 작품을 창조할 수 없으리라.

인간은 거대한 자연 앞에 서면 왜소하기 그지없다. 스스로 선 자리를 알고 더 낮아져야 한다. 그리고 자연을 거스름은 화를 초래할 뿐, 그 가르침을 겸손하게 받아들여야 하지 않을까. 자연은 항상 지배할 것이고, 진화는 진행될 것이며, 인간도 어쩌면 그랜드 캐니언에 묻힌 화석처럼 한 조각 흔적으로 남을지도 모른다는 생각이 짙게 드리운다.

꽃피운 인간애

—흥남 철수 작전의 증언을 들으며

미사 후에 내일 '귀한 손님'이 오셔서 '흥남 철수 작전'에 얽힌 이야기를 듣는 자리를 마련한다는 안내가 있었다. 사람들은 직접 체험하지 못한 사건들은 서적이나 다른 매체를 통해서 간접 경험은 할 수 있지만, 60여 년이 지난 지금 그때의 주역을 통해 그 사건의 전모를 듣는다는 것은 참 드문 일이다.

어둠이 깔린 늦은 시각에 본당 '나눔의 방'으로 갔다. 벌써 많은 형제자매님이 자리하고 있었다. 잠시 뒤 신부님의 안내로 백발이 성성한 푸른 눈의 노부부가 들어서고, 그분들의 소개와 간단한 환영 행사가 있었다. 화동의 꽃다발을 받아 든 여든이 다 되신 부부가 아기의 미소처럼 천진스런 웃음이 퍽 인상적이었다.

오늘 모신 분은 흥남 철수 작전을 수행한 로버트 러니 씨(79세)와 그의 부인이었다. 러니 씨(당시 23세)는 미국 상선 빅토리호(7,600t급)의 상급 선원으로 6·25 전쟁 당시 인근 해역에서 미 항공기에 제트 연료를 공급하는 미군 지원 업무를 담당하고 있었다. 그때 전쟁 상황으로 유엔군은 군 병력과 장비만 철수시키려 하였으나 국군의 요청으로 10만 명이 넘는 피란민의 구조 작전을 돕게 되었다. 그 피란민 가운데 어머니 등에 업힌 10개월의 아기가 지금 예순을 바라보는 수도자가 되어 생명의 은인을 초청한 뜻 깊은 자리가 마련된 것이다.

6·25 전쟁으로 죽음에서 탈출한 이야기를 어머니에게서 듣고, 새겨 두었다가 우리나라도 아닌 미국에서 그 은인들을 찾아서 보은의 마음을 전하기는 쉽지 않은 일이다. 이런 일을 보고 있노라면 아직 그래도 이 세상은 살 만하고 아름다운 곳이 아닐까?

그때 철수 작전의 실황 비디오가 10여 분 상영되고 통역을 통해 설명이 덧붙여졌다. 그날의 흥남 부두는 중공군이 완전히 포위된 상태에서 적의 포탄이 비 오듯 퍼붓고, 자유를 찾아 남하하려는 피란민들이 부두와 백사장을 가득 메워 아비규환이었다고 한다. 조금 전 피란 행렬의 그림을 보면 짐을 이고 지고, 아이들의 손을 이끌고, 심지어 소달구지 바퀴를 짊어지고 피란 가는 모습도 볼 수 있었으니 전쟁을 어떻게 하는 것인지도 모르는 순진한 백성들이었다. 전쟁을 경험해 보지 못한 세대는 배고픔, 죽음의 공포, 사상의 갈등 등을 이해하기는 쉽지 않을 것 같다. 밤에는 별빛 대신 포탄이 굉음과 함께 꼬리에 불을 달고 포물선을 그리며 하늘로 날아다니고, 낮에는 쉴 새 없이 비행기에서 폭탄이 떨어지고 기관총이 불을 뿜는다. 밖에 나왔다가 총알을 맞고 죄 없이 쓰러져 죽어 가는 사람이 한둘이 아니었다. 그 비참함이란 어찌 말로 다 하랴.

그날, 흥남 부두와 백사장에는 끝없이 줄을 서 있는 노인들, 목발을 짚은 장애인, 엄마 젖을 문 아기들, 들것에 실려 온 부상자들을 물도 식량도 없는 화물선에 무려 16시간 동안 14,000명을 태우고(한 사람이라도 더 태우기 위해 가진 물건은 모두 버렸다) 기뢰를 피해 가며 사흘을 항해하여 한 사람의 희생자도 없이 부산을 거쳐(이미 피란민으로 들끓어 더 이상 하선이 불가) 거제도에 도착하였다고 한다. 항해 중에 다섯 명의 아기가 새로 태어났고, 그때 사흘 동안 엄마의 등에 업혀 울었던 아기가 우리 본당의 강 신부님이었다는 증언에는 박수가 터져 나왔다.

러니 씨는 “한국의 어머니는 위대한 영웅”이라고 했다. 갑판이나 화물칸에서 영하 20도의 매서운 추위를 견디며 갓난아기는 등에 업고, 양손으로 자녀 하나씩을 꽉 붙잡고, 필사의 탈출을 감행하는 그 용기에 고개가 숙여지더란다. 목마름과 배고픔, 그리고 죽음의 공포에 시달리며 자식을 품에 껴안은 우리 어머니의 모습이 아니던가.

러니 씨의 부인은 이 흥남 철수 작전의 이야기를 수십 번을 들었는데도 늘 새롭고, 감동적이라고 한다. 이 고귀한 인간애가 곧 사랑이라고도 했다. 그때 이 작전을 결심하고 지휘한 선장 라루 씨는 전쟁이 끝나고 베네딕도 수도회에 입회하여 평생을 수도자의 삶을 사셨다고 한다. 평소 흥남 철수 작전에 대한 물음에는 “해야 할 일을 했을 뿐”이라는 말을 남기고 타계하실 때까지 수도원 밖을 단 두 번밖에(주미한국대사관과 백악관의 초청으로) 나오지 않았다고 한다. 러니 씨는 전쟁 후 미국의 연방 검사를 거쳐 현재 변호사로 일하고 있으며 흥남 철수 작전에서 보여 준 인도주의적 희생과 사랑을 실천한 공으로 향군 대 휘장과 명예 정치학 박사 학위를 받기 위해 내한하였다고 한다. 시간이 지나도 이 일은 기억에서 지워지지 않는다고 한다. 러니 씨는 웃으며 그때 흥남에서 신부님의 어머니께서 뱃삯을 내지 않아 늦었지만 지금 받으러 왔다고 하였고, 신부님은 그 배는 여객선도 아니고 더구나 엄마 등에 업혀서 왔으니 자리도 차지하지도 않았다며 웃었다. 그때 열 달 된 울보는 수도 사제가 되어 오늘 우리가 어떻게 살아야 하는지를 말과 생각과 행동으로 본을 보여 주고 있다.

라루 선장과 러니 씨의 얘기를 들으며 성경 한 구절이 가슴에 와 닿는다. "네가 자선을 베풀 때에는 오른손이 하는 일을 왼손이 모르게 하여라. 그러면 숨은 일도 보시는 네 아버지께서 너에게 갚아 주실 것이다."(마태 6,3-4) 그리고 "친구들을 위하여 목숨을 내놓는 것보다 더 큰 사랑은 없다"(요한 15,13)는 말씀이다.

사람의 인연이 어떻게 섭리 되는지에 대해서는 아무도 모른다고 하지 않았던가. 오늘은 따뜻한 가슴으로 하루를 매듭짓고 싶은 밤이다.

대관령 주변의 명소들

문득 무작정 떠나고 싶다는 생각이 떠오르다가도 이런 엉뚱한 생각을 할 때가 아니라고 고개를 젓기도 한다. 어쩌면 삶의 짓눌린 무게를 털고 가벼워지기를 바라는 때문일 게다. 살다 보면 엎친 데 덮친 격으로 예상하지 않은 다른 일들도 불거지고 신경을 건드린다. 모든 일들을 새로 배우며 세상을 너무도 모르고 살아왔고 그래도 선한 사람들이 많아 잘 지내 오지 않았나 싶다. 어떻게 연때가 맞아 여행과 맛집 전문가이고 베스트 드라이버인 안젤로 님, 모임 준비에 달인인 미카엘 님, 신앙에 본을 보이시는 모이세 님과 팀을 이루어 KT대관령 연수원을 예약하여 함께 할 수 있는 건 행운이었다. 8월 마지막 날, 2박 3일 일정으로 대관령 주변의 관광을 계획하며 아침 9시에 네 사람이 여정에 올랐다. 고속도로 주변의 풍경을 보면서 아름다움을 담는다. 미국의 고속도로도 다녀 보았지만 황량함뿐이었는데 참 우리나라는 아름다운 나라라는 생각이 든다. 단양휴게소에서 잠시 쉬어 간다. 아무도 말하지 않았는데도 모두가 준비를 해 왔다. 간식으로 홍삼즙과 제주에서 주문해 온 떡과 땅콩, 사탕, 삶은 계란이 간식으로 준비되었고 저녁 회식을 위한 술과 안주 등 푸짐하게 준비를 해 왔다. 대관령의 처음 인상은 산이 높고 골이 깊다는 것이다. 점심을 산채비빔밥과 황태구이 맛집에서 먹고 산길을 돌아서 처음 목적지인 상원사와 월정사를 찾았다. 신라 시대 자장율사가 오대산 비로봉 아래 적멸보궁을 창건하였다, 이름 그대로 마음의 달이 아름다운 월정사, 국보 48호인 8각 9층 석탑의 모습에서 긴 세월을 말해 준다. 세조와 관련된 설화가 많은 상원사에서 동종과 전나무 숲길이 기억에 남는다. 숙소에 돌아와 온천욕을 하고 준비해 온 술과 안주로 피로를 풀고 여담을 나누며 잠자리에 든다. 살아가면서 가끔은 환경을 바꾸면서 지내는 것도 활력소를 만드는 일이 아닐까 싶다.

제2일, 9월 초하루다. 아침 4시 반경, 일찍 일어났는데도 안젤로 님은 연수원 주변 산책을 마쳤다고 한다. 오늘 하루 가족과 일행의 가호를 빌며 묵주 기도 5단을 바친다. 아침을 먹고 출발을 하려니 비가 내린다. 대관령을 넘어 미시령 터널을 지나 안개 속 빗길을 달린다. 비가 내린들 어떠랴. 운전을 하시는 분은 어렵겠지만 그저 천천히 가면서 느긋한 마음으로 하루를 즐기려 한다.

백담사를 오른다. 만해 한용운 선생을 기림이다. 만해 정신의 산실! 백담사. 일제의 민족 침탈에 항거하여 민족 독립 운동을 구상하였던 독립 운동의 유적지가 아니던가. 만해기념관을 참관하며 민족 사랑을 담는다. '임의 침묵'을 뵌다. "임은 갔습니다. 아아 사랑하는 나의 임은 갔습니다 / … / 아아 임은 갔지마는 나는 임을 / 보내지 아니하였습니다. 제 곡조를 못 이기는 사랑의 노래는 임의 침묵을 휩싸고 돕니다."

화엄실은 전직 대통령이 머물면서 수행한 곳이기도 한데… 방 한편에 그때에 쓰던 침구와 초라한 소품들이 보인다. 수행 도량은 원래 그런 것이 아니던가? 만해와 수도하는 대통령! 어떻게 그렇게 짝 지어졌을까? 세월이 무상함을 느끼게 한다. 다음 일정으로 통일전망대를 오른다. 비가 그치고 하늘이 열린다. 해발 70m의 고지 위에 2층 슬래브 건물로 지어 1층은 멸공관으로, 2

층은 북쪽 면을 모두 유리창으로 만들었다. 오늘 금강산은 운무로 가려져 보이지 않고 해금강은 흐릿하게나마 볼 수 있는 행운을 얻었다. 발아래에는 동해선 남북 연결도로만 시원스레 뚫려 있었다. 저렇게 훤히 도로가 뚫려 있는데 자유롭게 왕래하며 가족들을 만나 이산가족의 한을 풀어 줄 수는 없을까? 점심은 이름난 물회 맛집에서 색다른 음식을 먹었다. 여행의 즐거움이 추가된 느낌이다. 내려오다가 송지호를 들렀다. 처음엔 간판을 보고 사람 이름인가 했는데 둘레가 6km, 수심이 5m에 달하는 자연 호수이고 남쪽으로 날아가던 겨울 철새가 머물다 가는 철새도래지이다. 겨울이면 청둥오리 기러기 떼와 천연기념물인 고니가 이 호수로 날아든다고 한다. 참 평화롭다. 오늘 일정을 마무리하면서 저녁 회식을 위해 바닷가 횟집으로 가서 자연산 회를 준비해야 한단다. 늘 보아 오긴 하였지만 그 준비하는 정성이 보통이 아니다. 전문가들의 생각은 별난 데가 있다. 여러 분야의 전문가가 있어서 여행에 편리함을 준다. 준비해 온 안동소주와 마주앙과 맥주로 여독을 푼다.

제3일, 8시 30분에 출발하여 횡계 소나무의 푸르름을 만끽하며 달린다. 다행하게도 베스트 드라이버가 둘이나 있어서 번갈아 운전대를 잡는다. 감사한 일이다. 오늘은 정선 아리랑의 고장을 둘러보려 한다. 출렁다리를 건넌다. 양수인 송천과 음수인 골지천이 만나 '어우러진다'는 뜻의 아우라지는 오래 전 한양으로 목재를 운반하는 뗏목이 출발하던 곳이다. 하천변에는 정선아리랑의 가사 속의 임을 기다리는 처녀 상과 정자각(여송정)이 있고 강 건너에는 총각 상이 있어서 서로 마주하며 눈길을 보낸다. 처녀 상 옆의 비석에는 이런 시가 적혀 있다. "아우라지 뱃사공아 / 배 좀 건네주게 / 싸리골 동백이 따 떨어진다." 정선 아리랑은 조선 개국 초기 고려 왕조를 섬기던 선비들이 송도를 떠나 정선 지방에 숨어 지내면서 입지 시절의 회상과 가족, 고향에 대한 그리움을 한시로 표현하였는데 이것이 풀이되어 토착요에 후렴을 달아 불러진 것이 지금의 정선 아리랑이다. 시대의 흐름에 따라 인간사를 꾸밈없이 노래한 것으로 정선 산간 마을 주민들의 소박한 생활 감정이 담긴 민요이다.

정선 5일장을 돌아본다. 이 장은 시골 장터로 산에서 나는 각종 산나물과 약초, 감자, 더덕, 마늘 등 농산물이 주류를 이룬다. 더덕을 선물로 받았다. 특산물인 말린 산채를 좀 사 올 걸 그랬다. 도시 사람들의 호기심을 자극하고도 남는다. 소나기재 정상에서 내려와 국가지정명승 제76호인 선돌을 본다. 기암괴석이 서 있는 돌이란 뜻으로 서강의 푸른 물과 층암절벽이 어우러져 한 폭의 그림을 연상케 한다. 순조 때 영월부사를 지낸 홍이간이 이곳 암벽에다 새긴 '운장벽'이라는 글귀가 남아 있어 멀리서 흐릿하게 보인다. 권력이 어떤 것인지는 잘 알지 못하지만 단종의 애환이 깃든 청령포(국가지정명승 제50호)를 돌아 김삿갓 유적지를 둘러본다. 김삿갓은 홍경래 난 때 항복한 평안도 선천부사였던 조부를 탄핵한 글로 장원이 되었으나 조상을 욕되게 하였으니 어찌 하늘을 보고 살 수 있느냐며 삿갓을 쓰고 평생을 방랑한 시인이다. 묘역이 있는 김삿갓면 노루목 마을에는 김삿갓의 업적을 기리는 시비 거리 및 문학관이 조성되어 있다. 난고 김삿갓 문학관은 선생의 생애와 문학 세계를 한눈에 볼 수 있는 곳으로 연구 자료, 테마별 관련 자료 및 친필 작품과 장원 급제 시 그리고 야외에는 시비도 있다. '간음야점艱飮野店'이란 시를 옮긴다. "천 리 길 나그네 가진 것 겨우 지팡이뿐이니 / 남은 돈 일곱 닢 오히려 많다 하겠네 / 주머니 속에 깊이깊이 간직하자 다짐했건만 / 석양에 주막을 만나니 아니 마시고 어쩌리" 문학관의 기획전시실, 난고문학실, 일대기실, 자료실을 둘러보고 점심으로 별

미 곤드레밥을 맛있게 먹었다.

마구령을 넘어온다. 승용차 한 대가 겨우 지나갈 정도의 좁은 길이다. 혹시 반대쪽에서 차가 오지 않는지 불안하다. 국도로 차를 몰아 영주의 소수서원과 인견 시장, 그리고 인삼 시장을 둘러보기로 하였다. 이제 2박 3일의 끝날 마무리 여정이다.

소수서원은 우리나라 최초의 사액 서원으로 조선 중종 37년 풍기군수 주세붕이 고려 말의 유학자이며 성리학자인 회헌 안향 선생이 태어나 자란 이곳에 그분을 기리고자 백운동서원을 건립한 데서 비롯되었다. 그 후 이황 선생이 풍기군수로 부임하여 '소수서원'이란 사액을 하사 받게 되었다. 경내에서 강학당, 장서각, 일신재, 직방재, 학구재 등의 옛 건물을 둘러보았다. 이곳에는 국보 111호인 회헌 초상과 보물 5점 등 많은 유물이 소장되어 있다. 소수박물관을 보고 인견 시장과 인삼 시장을 둘러보면서 가족의 건강이 떠올랐다.

풍기에서 고속도로에 올라 안동휴게소에서 과일을 깎아 먹으며 잠시 휴식을 취한다. 군위IC에서 내려 여정을 정리하며 모이세 형제님의 빨랑카로 쇠고기 파티를 마음껏 누렸으니 넉넉하고 푸근한 여정을 돌아본다. 2박 3일간 고급 차에 올라 편하게 대관령 주변의 경치를 보며 눈은 즐거웠고, 고찰의 역사 유적들을 다시 새기게 되었고 특히 만해기념관에서 우리의 독립 정신을 깨치고 새롭게 하여 주었다. 곳곳의 맛집에서 이름난 음식으로 입은 즐거웠고, 같이한 분들의 봉사와 희생의 아름다움을 느낀다. 저녁 기도를 바치며 감사함을 드린다. 살아가면서 시련과 고통이 어찌 없으랴. 가볍게 살아가는 삶의 슬기를 받아들여야 할 게 아닌가? 병이 있거나 없거나 깊거나 얕거나 함께하는 시간이 그래도 감사한 것임을 여행을 마무리하며 가슴에 담는다.

빗속의 새재 산행

삶의 한 획이 그어졌다. 교직 사회라는 일터에서 오랫동안 몸담아 오다가 완전한 자유인의 생활로 접어든 지 여러 해가 지났다. 더러는 사무실을 열기도 하나 그런 주변머리도 없다. 그래도 덜 흐트러지려고 나름대로 계획을 세우기는 하지만 마음 같지 않은 게 또한 현실이다. 처음에는 제법 그럴듯했다. 요일별, 날짜별로 테니스, 등산, 봉사, 모임, 공부 등 사실은 더 빠듯한 일과였었다. 시간이 흐르면서 하나 둘 정리가 되고 그래도 지금까지 이어져 오는 건 등산이 아닌가 싶다. 산을 오르는 수준에서 보면 주로 산에 놀러 가는 일이기에 산행이라 이름한다.

산행 모임도 동기 동창이거나 인연끼리의 모임이다. 일송회,

거나회, 팔우회 등이다. 모임마다 다 색깔이 다르다. 일송회 산행은 매월 2, 4주 화요일이다. 이 모임은 50여 명의 동창 회원 모임이다. 둘째 주는 가까운 팔공산으로, 넷째 주는 버스를 대절하여 원행을 한다. 99년 9월에 결성하여 지금까지 주왕산, 미륵산, 소백산, 치악산 등 높지는 않아도 전국의 이름난 80여 개의 산의 정상을 오른 셈이다. 정해진 날에는 반드시 날씨를 불문하고 시행해 오고 있다.

오늘, 8월 넷째 주는 월악산이다. 출발할 때 구름은 많이 끼었지만 비는 내리지 않았다. 이런 날씨가 오히려 이 무더운 여름 산행에 더 좋다. 그런데 중부내륙고속도로를 들어서면서 비를 뿌리기 시작하더니 점점 빗줄기가 굵어졌다. 월악산 산행이 어려울 것 같아 문경새재도립공원으로 행선지를 바꾸었다. 하늘도 도와주시리라 생각했는데 더 세차게 퍼붓고 있다.

문경새재에 차를 세웠다. 백두대간의 조령산 마루를 넘는 새재는 '새도 날아서 넘기 힘든 고개'로 조령의 다른 이름이다. 여기 제3관문에서 제1관문까지 약 2시간을 걷기로 하고 일부는 1관문 아래 주차장에서 기다리기로 했다.

이 길은 하산하는 완만한 길이고 차가 다닐 만큼 넓고 시멘트가 아닌 마사토로 잘 다듬어져 맨발로 걸을 수 있는 길이다. 비옷이나 우산을 받치고 서너 사람씩 짝을 지어 내려간다. 계곡을 흐르는 물소리, 나무에서 떨어지는 굵은 빗방울이 우산을 두들기는 소리뿐이다. 가끔 맨발로 산을 오르는 젊은이들과 마주쳐 인사를 나눈다. 선한 모습들, 우리도 저러할 때가 있었던가 싶다.

제3관문인 조령관을 기준하여 남쪽은 문경 땅이고 북쪽은 충주 땅이다. 정상에 북적을 막기 위해 선조 때 쌓고 숙종조에 중창하였는데 그 후 훼손되어 육축만 남고 불탄 것을 1976년에 홍예문과 석성 그리고 누각을 복원하였다. 문경 땅을 밟으면 '장원급제의 길'이다. 얼마나 많은 선비들이 청운의 꿈을 안고 이 길을 밟았으랴. 아마도 땀과 눈물의 길에 오늘은 비가 쏟아지고 있다. 단풍나무와 느티나무가 터널을 이루고 옆 계곡에는 황톳물이 빠른 물살을 일으키고 있다. 여기가 한국의 아름다운 길 100선에 든 길이니 빗속에서도 행운을 얻은 기분이다.

빗소리가 이야기를 앗아 가 버리지만 얘기를 나눈다. 황혼에 걸터앉은 사람들의 빗속의 산행을 보고 욕심이 지나치다고 손가락질은 하지 않을까. 요즈음 친구들이 하나씩 둘씩 하늘나라로 여행을 가고 있다. 이제 소중한 것부터 하나씩 버리고 가볍게 내려가자는 말에 공감을 한다. 돈도, 명예도, 지위도 다 버렸으니 그 알량한 자존심만 버리면 되지 않겠는가. 그래, 웃으며 조용히 내려가세나. 그 길도 이렇게 편했으면 좋으리라.

제2관문 조곡관은 선조 때 축성하여 조동문으로 불리었으나 복원하여 조곡관으로 불린다. 천험의 요새인 이곳에서 제1관문 주흘관까지는 걸어서 1시간이 소요된다. 사적이나 경관 등은 비로 인해 곁눈질만 할 뿐이다. 길손의 갈증과 피로를 풀어 주던 조곡 약수, 이끼 낀 자연석에 고어체로 쓴 '산불됴심'의 한글 비석(지방문화재자료 226호), 경상도 신·구 관찰사가 관인을 인수하였던 교귀정, 관리나 과객들에게 숙식을 제공하던 조령원터, 문경현감 및 경상 관찰사들의 선정비, 수령 600여 년의 천수를 다한 전나무의 그루터기가 한양 길을 드나들던 선비들의 이야기를 새기고 있으리라. 근년에 조성된 KBS 촬영장도 그냥 지나칠 수 밖에 없어 아쉽기만 하다.

거대한 돌로 쌓은 아치형의 성문, 새재 입구의 제1관문 주흘관까지 단숨에 온 것이다. 숙종 34년에 축조하였고 한말 한·일 의병 전쟁 때 일본군이 불태웠던 문루를 1922년에 다시 지었다. 3개의 관문 중 가장 옛 모습 그대로를 보존하고 있어 발길이 멈춰진다.

제1관문 입구, 무섭고 근엄한가 하면 혀를 내민 익살스런 모습들이 우리를 반긴다. 오는 길에 유교문화관과 전통도자기전시관을 참관하면서 소박한 멋을 느낀다. 그리고 민속촌에 들렀더니 수입 도자기 일색이다. 도자기 고을인 이곳만이라도 우리 문화의 맥을 널리 펼 수는 없을까. 참 헷갈린다.

우리는 시간과 돈과 노력을 투자해서 산을 오른다. 이것은 '무상의 행위'이다. 그리고 산이 주는 맑은 공기와 물, 그리고 아름다운 풍광을 즐긴다. 안락의자에 앉아 커피 향을 즐기며 TV를 보는 것만이 휴식이 아니지 않는가. 빗소리를 들으며 자연의 오묘한 변화를 즐기는 것도 또한 휴식이 아닐까. 산행은 꿈이 있고, 우정이 있고, 사색이 있고, 극복이 있고, 회상이 있다. 빗속의 새재 산행에서 또 다른 순수한 인생을 살아가는 기쁨을 던져 준다.

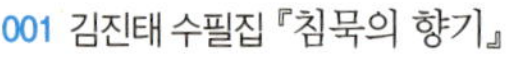

그루 수필선 001~040

001 김진태 수필집 『침묵의 향기』
002 정재호 수필집 『도시에 나온 촌닭』
003 이원성 수필집 『뜻을 잃은 언어들』
004 여영택 수필집 『시아재비』
005 장인문 수필집 『내 마음의 고향』
006 유병석 수필집 『구름개울의 무지개』
007 이재호 수필집 『갈잎의 노래』
008 박노익 수필집 『액운아 물렀거라』
009 최정석 수필집 『明鏡止水錄』
010 김규련 수필집 『종교보다 거룩하고 예술보다 아름다운』
011 김녹촌 수필집 『토함산 노랑제비꽃』
012 윤길수 수필집 『전등사의 여인』
013 임도순 수필집 『풀각시와 꼭두놀이』
014 김두희 수필집 『사랑의 이정표』
015 정혜옥 수필집 『우체국 앞을 지나며』
016 정재호 수필집 『한 꺼풀 벗기고 본 세상』
017 김규련 수필집 『소목의 횡설수설』
018 이복자 수필집 『엄마의 땅 아내의 땅』
019 김규련 수필집 『높고 낮은 목소리』
020 이주희 수필집 『쇠똥구리는 쇠똥구리로 살고』
021 공진영 수필집 『청진아재와 인절미』
022 정혜옥 수필집 『돌미나리를 찾아서』
023 이수복 수필집 『별빛 따라 꿈길 찾아』
024 김재식 수필집 『사랑과 낭만과 자유』
025 곽흥렬 수필집 『빼빼장구의 자기 위안』
026 제행명 수필집 『눈물이 웃음꽃 되어』
027 정재호 수필집 『그대에게 드리는 선물』
028 최해남 수필집 『굴뚝새가 그리운 것은』
029 허창옥 수필집 『길』
030 이재호 수필집 『석 장의 지폐』
031 이동민 수필집 『감각의 제국, 그 벽 속에서』
032 김규련 수필집 『귀로의 사색』
033 신재기 수필집 『침묵의 소리를 듣는다』
034 허정자 수필집 『작가의 방』
035 이정웅 수필집 『나무들이 들려주는 푸른 대구이야기』
036 전상준 수필집 『행복한 삶 아름다운 삶』
037 견일영 수필집 『아름다운 영혼』
038 김성복 수필집 『청산별곡』
039 김형규 수필집 『빨간 석류알』
040 박주병 수필집 『겁탈』